D1724027

Johannes Kunz

Rudolf Sallinger

Johannes Kunz
(Herausgeber)

Rudolf Sallinger
Ansichten des Bundeswirtschaftskammer-Präsidenten

Textauswahl und Mitarbeit: Inge Görner
und Ingeborg Haidinger

EDITION S

Edition S
Verlag der Österreichischen Staatsdruckerei

1. Auflage 1993
Copyright © by Österreichische Staatsdruckerei, Wien

Umschlaggestaltung: Atelier Schiefer, Wien
Druck und Bindearbeit: Österreichische Staatsdruckerei
ISBN 3-7046-0394-5

Inhalt

Vorwort

„Rudolf Sallinger hat die Entwicklung dieser Zweiten Republik wesentlich mitgeprägt. Er hat das mit großer Selbstverständlichkeit und mit großer Bescheidenheit getan, ohne sich je vorzudrängen, ohne je darauf zu pochen, in der vordersten Reihe zu stehen. Er hat das aus tiefer innerer Überzeugung getan, angetrieben von einer großen Grundsatztreue. Und das hat diesen Mann so groß gemacht. Er war der Sprecher einer Interessengruppe, und er hat diesen Auftrag, diesen Vertrauensvorschuß, sehr ernst genommen. Gleichzeitig aber hat er das Ganze nie aus den Augen verloren und deshalb jenen Grundkonsens gesucht, der ihm für unser Land so wichtig erschien." Diese Worte sprach Anton Benya am 18. März 1992 in seiner Trauerrede für Rudolf Sallinger. Sie sagen viel aus über die Wertschätzung und den Respekt, den Sallinger, der leidenschaftliche Vertreter der Wirtschaft, bei seinem sozialpartnerschaftlichen Gegenüber, dem langjährigen Präsidenten des Gewerkschaftsbundes, genoß.

In dem Vierteljahrhundert zwischen 1964 und 1989/90 war Rudolf Sallinger als Präsident der Bundeswirtschaftskammer und als Präsident des Österreichischen Wirtschaftsbundes oberster Interessenvertreter der Unternehmerschaft. In beiden Funktionen folgte er Julius Raab nach. Karl Pisa beschreibt das Verhältnis zwischen den beiden Männern folgendermaßen: „Zwischen dem 1891 geborenen Raab und dem 1916 geborenen Sallinger ergaben sich naturgemäß vorerst keine Berührungspunkte. Als Raab, der schon in der Ersten Republik hohe politische Funktionen ausgeübt hatte, am Beginn der Zweiten Republik Obmann des Parlamentsklubs der ÖVP und Präsident der Bundeskammer der gewerblichen Wirtschaft wurde, übernahm Sallinger als noch nicht Dreißigjähriger erst seine erste Funktion in der Wiener Steinmetzinnung. Dennoch war vorherzusehen, daß sich die

Wege beider kreuzen würden. Die beiden gebürtigen Niederösterreicher hatten manches gemeinsam. Sallinger war wie Raab ein Mann der Tat und nicht ein Mann vieler Worte, wenngleich einer klaren Sprache fähig. Die beiden harmonisierten aber nicht von Anfang an. Bis 1960 gab es zwischen Raab, der 1953 Bundeskanzler, und Sallinger, der im gleichen Jahr Obmann der Sektion Gewerbe in der Wiener Handelskammer geworden war, schon manche Auseinandersetzung, wie Sallinger zu erzählen wußte. Raabs bei einer solchen Gelegenheit geäußerte Meinung ‚Zerbrechen's Ihnen net meinen Kopf, sondern Ihren' ließ bereits erkennen, daß es sich hier um zwei Persönlichkeiten handelte, von denen jede ihren Kopf durchzusetzen versuchte. Als Sallinger dann 1960 zum Präsidenten der Wiener Handelskammer gewählt wurde und Raab 1961 nach seinem Rücktritt als Bundeskanzler wieder die Funktion des Präsidenten der Bundeskammer der gewerblichen Wirtschaft übernahm, gestaltete sich das Verhältnis zwischen beiden nicht nur auf Grund ihrer Funktionen enger. Raab sprach schließlich Sallinger gegenüber den Wunsch aus: ‚Du sollst mein Nachfolger werden'. Und Raab, der in der Bundeskammer so etwas wie sein eigenes Kind sah, fügte bei dieser Gelegenheit hinzu: ‚Du sollst nie Minister werden, aber, wenn die Möglichkeit besteht, Minister machen'."

Tatsächlich hat Rudolf Sallinger nie Ambitionen gezeigt, in eine Regierung einzutreten. Aber innerhalb seiner Partei, der ÖVP, und im Rahmen der Sozialpartnerschaft nahm er durch ein Vierteljahrhundert großen Einfluß auf Sach- und Personalentscheidungen. Er stand nicht in der „vordersten Reihe", wie das Anton Benya formulierte, aber er war ganz gewiß ein „starker" Politiker und Interessenvertreter. Karl Pisa über Sallingers historische Rolle: „Was später einmal die Zeitgeschichte vermutlich als das ‚Phänomen Sallinger' bewerten wird, ist der Umstand, daß hier ein unter acht Regierungen bei fünf Handelskammerwahlen Gewählter gleichsam zum ‚ruhenden Pol in der Erscheinungen Flucht' wurde. Obwohl sein persönliches Erscheinungsbild ganz und gar nicht zu diesem Bild paßt. Denn er hat dieses Vierteljahrhundert nicht ‚ausgesessen', sondern war – wenn auch in den letzten Jahren oft nur unter Aufbietung aller Kräfte und unter Schmerzen – in ganz Österreich, ja in der ganzen Welt unermüdlich unterwegs. Die Regierungen und Regierungsformen wechselten, Sallinger aber blieb sich als Anwalt der Wirtschaft, der Sozialpartnerschaft und der Zusammenarbeit treu."

Anton Benya erzählte in seiner Trauerrede für Rudolf Sallinger aus der Praxis dieser Zusammenarbeit: „Nachdem wir beide sehr früh im Büro waren und mit der Arbeit begannen, trafen wir uns um etwa 1/2 8 Uhr entweder im ÖGB oder in der Bundeswirtschaftskammer, begleitet von den Generalsekretären, um einen Weg zu suchen, das anstehende Problem zu lösen. Das hatte man sich in der Ersten Republik leider nicht vorstellen können, denn dort traf man sich als Gegner, nicht als Partner, wie es jetzt der Fall ist."

Zu Recht meinte Benya in diesem Zusammenhang, die Wege, die in der Zweiten Republik gegangen wurden, hätten für das Land und seine Menschen große Vorteile gebracht.

Und über die Persönlichkeit Sallingers sagte Anton Benya mit Tränen in den Augen: „Ich weiß, daß Rudolf Sallinger die Menschen mochte. Das spürte man bei jedem Gespräch und das machte diesen bescheidenen Mann so liebenswert, so herzlich, eben menschlich. Er erlag niemals der Versuchung, um einer Pointe willen oder deshalb, um in der Öffentlichkeit besser anzukommen, ein böses, verletzliches Wort auszusprechen. Er konnte und wollte nicht verletzen. Nicht nur, weil das seinem Charakter widersprochen hätte, sondern auch deshalb, weil er zu genau wußte, welche Folgen Verletzungen in der Politik haben können. Rudolf Sallinger war – lange bevor dieser Ausdruck geprägt wurde – ein Verfechter des positiven Denkens. Der eigene Erfolg freute ihn. Erfolge der anderen machten ihn nicht neidisch.

Eine Haltung, die nur jenen auszeichnet, der in sich selbst, in seiner Familie und in seiner Weltanschauung tief verfestigt ist."

Das vorliegende Buch mit den wichtigsten authentischen Aussagen Rudolf Sallingers gibt einen Einblick in das jahrzehntelange Schaffen dieses bemerkenswerten Mannes, der schon zu Lebzeiten große Anerkennung von Gesinnungsfreunden wie Andersdenkenden erfahren hat. Dieses Buch wird durch eine Videokassette mit den Fernseh-„Erinnerungen" Sallingers ergänzt.

Die beiden engsten Mitarbeiterinnen Präsident Sallingers, Frau Inge Görner und Frau Ingeborg Haidinger, haben mit der Zusammenstellung der Daten und Unterlagen ganz wesentlich zum Gelingen des Buches beigetragen. Ihnen und Gerhard Langthaler gilt mein Dank.

Johannes Kunz
Wien, im Oktober 1993

Bilanz und Programm

Abschied von der Bundeswirtschafts-kammer

Rede am Bundeskammertag

5. Dezember 1990

Am Ende eines Lebensabschnittes denkt man gerne an die Anfänge zurück. Ich bin gleich nach dem Ende des Zweiten Weltkrieges als Steinmetz mit der Kammerorganisation in Verbindung gekommen. Meine Heimat in der Kammer war das Wiener Gewerbe – die Steinmetzinnung – und aus dieser Gemeinschaft habe ich auch die Stärke geschöpft, mich besonders für die mittelständischen Unternehmer, für die vielen kleinen und mittleren Betriebe in unserem Land einzusetzen. Ich habe dann die ganze Stufenleiter vom Obmann der Wiener Gewerbesektion, dem Kurator des Wiener Wirt-schaftsförderungsinstitutes über den Wiener Handels-kammerpräsidenten bis zum Präsidenten der Bundes-wirtschaftskammer durchlaufen können. In der Wirt-schaft heißt das: von der Pike auf.

1964 wurde ich der Nachfolger von Julius Raab. Sie können mir glauben, meine Damen und Herren, es ist nicht leicht, das Erbe eines so großen Mannes anzutre-ten. Der Maßstab, der an einen Nachfolger von Julius Raab angelegt wird, ist sehr groß und das Erwartungs-niveau sehr hoch. Ich war von Anfang an bemüht, mei-nen eigenen Weg zu gehen und dennoch das große Erbe von Julius Raab für die Zukunft zu bewahren. Das Ziel, meine Aufgaben gut zu erfüllen, war immer von meinem Willen bestimmt, für die Wirtschaft mein Bestes zu geben.

In der Zeitspanne von 45 Jahren haben wir alle gemeinsam sehr viel geschafft. Es wurde der Wiederaufbau bewältigt, die politische und wirtschaftliche Freiheit unseres Landes gefestigt, ein hoher Lebensstandard für die gesamte Bevölkerung erreicht und das Ansehen der österreichischen Leistungen in der ganzen Welt etabliert. Meine besonderen Anliegen als Bundeskammerpräsident waren die Expansion unserer Wirtschaft, der Aufbau eines florierenden Außenhandels, die Modernisierung unserer Betriebe, eine bestmögliche Ausbildung der Jugend und eine konstruktive Zusammenarbeit der Sozialpartner, um Klassenkampf, Streiks, parteipolitischen Streit und Störungen einer gesunden Wirtschaftsentwicklung möglichst zu vermeiden. Ganz im Vordergrund stand für mich aber immer, die Anerkennung der wirtschaftlichen, gesellschaftlichen und politischen Leistungen eines freien Unternehmertums im System der sozialen Marktwirtschaft zu erreichen.

Das ist uns – das glaube ich mit gutem Gewissen sagen zu können – wirklich gelungen. Uns allen gemeinsam, meine ich, ist das gelungen. Kein einzelner Mensch ist so gut, so gescheit und so stark, daß er eine solche Aufgabe allein bewältigen kann. Dazu braucht man engagierte, einsatzbereite Unternehmer, Funktionäre und Politiker. Dazu braucht man sachkundige und fähige Mitarbeiter und ein ständiges Teamwork, das von großer Erfahrung, gegenseitigem Vertrauen und Ideenreichtum geleitet wird.

Als einige Beispiele möchte ich nur den Aufbau der gewerblichen Pensionsversicherung, das Arbeitsverfassungsgesetz, die Arbeiterabfertigung, die Reformen

der Gewerbeordnung, die fortschreitende Liberalisierung des Außenhandels und den Beschluß über den Antrag zur Mitgliedschaft Österreichs bei den Europäischen Gemeinschaften nennen. Damit habe ich die Grenze von der Vergangenheit zur Gegenwart und zur Zukunft überschritten. Ich möchte klar und deutlich feststellen: Ich halte eine Reform der Handelskammerorganisation für notwendig. Ich glaube, daß überholte Strukturen geändert werden müssen und ich meine, es wird viel zu tun sein, um die Interessenvertretung der Wirtschaft für ihre künftigen Aufgaben zu rüsten, damit sie nämlich die Unternehmer und ihre Betriebe auch in Zukunft wirkungsvoll vertreten und unterstützen kann. Ich möchte aber auch – als alter, erfahrener Mann und scheidender Präsident – auf einige drohende Gefahren aufmerksam machen:
– Reform heißt nicht, überhastet auf Unzulänglichkeiten in anderen Kammern und im eigenen Bereich zu reagieren.
– Reform kann nicht heißen, einige kosmetische, nach außen sichtbare Änderungen anzubringen, die am Kern der bestehenden Probleme vorbeigehen.
– Reform ist dann nicht zielführend, wenn sie nur kurzfristig angelegt ist und längerfristige Notwendigkeiten sowie neue Aufgaben außer acht läßt – wie etwa Umwelterfordernisse, Bildungs- und Ausbildungsaufgaben, Innovationsförderung und die völlig geänderte politische Situation in Europa;
– und schließlich: Reform darf nicht bedeuten, daß man Altbewährtes sorglos über Bord wirft, Erfahrungen außer acht läßt und alles vergißt, was in den letzten 4 Jahrzehnten den wirtschaftlichen Aufschwung und die politische Stabilität in unserem Land ermöglicht hat.

Wir brauchen eine Handelskammerorganisation, die mehr denn je alle Unternehmer einbindet, die imstande ist, eine einige und starke Wirtschaft durchschlagskräftig zu vertreten und in der Politik zum Wohle aller der wirtschaftlichen Vernunft zum Durchbruch zu verhelfen. Die Handelskammern sollen den Unternehmern – und vor allem den kleinen und mittleren Betrieben – rasch und unbürokratisch dabei helfen, neue Ideen in wirtschaftlichen Nutzen umzusetzen, anpassungsfähig und leistungsstark zu bleiben. Lerneifer und Weltoffenheit werden wichtige Faktoren dabei sein.

Ich freue mich, daß mein Nachfolger, der heute auf diesem Kammertag zur Wahl steht, Leo Maderthaner ist. Ich weiß und vertraue darauf, daß die schwierige und verantwortungsvolle Funktion des Bundeskammerpräsidenten bei ihm in guten Händen ist. Ich wünsche ihm, daß er – wie ich vor 26 Jahren – seinen eigenen Weg gehen wird. Und ich hoffe, daß Leo Maderthaner das Gute und Wichtige in unserer Handelskammerorganisation bewahren kann.

Erfolg für die Handelskammerorganisation hat ebenso Grundsatztreue und Härte in Verhandlungen zur Voraussetzung wie Verständnis für die vielfältigen Probleme in der Wirtschaft und bei unseren Sozialpartnern. Und schließlich hängt der Erfolg auch vom Willen zum Ausgleich und zur Zusammenarbeit ab.

Nun bleibt mir nur noch eines: mein Dank für die jahrelange Treue, für die gute Arbeit und für das Vertrauen aller Funktionäre und Mitarbeiter. Ich sage Euch allen ein einfaches „Danke schön" und wünsche Österreich und seiner Wirtschaft eine glückliche, erfolgreiche Zukunft.

Am Rednerpult im österreichischen Nationalrat, um 1970

Der Bundeswirtschaftskammer-Präsident nach seiner Wahl am 4. 12. 1970

Mit Ing. Julius Raab, seinem Vorgänger auf dem Stuhl des Bundeswirtschaftskammerpräsidenten, 1963

25 Jahre Bundeskammerpräsident

Eine Bilanz

14. Februar 1989

Während der 25jährigen Präsidentschaft Rudolf Sallingers hat die Bundeswirtschaftskammer wesentliche Beiträge zur Modernisierung, zum Strukturwandel, zur Internationalisierung und zur Stärkung des freien Unternehmertums in der österreichischen Wirtschaft geleistet, Präsident Sallinger hat in diesem Zeitraum immer wieder persönliche Initiativen zur Verbesserung der Wettbewerbskraft der österreichischen Unternehmen im In- und Ausland und zu Problemlösungen im Rahmen der Sozialpartnerschaft ergriffen, die den wirtschaftlichen und sozialen Fortschritt in Österreich mitbestimmt haben.

1. Wirtschafts- und Gesellschaftspolitik

– Erarbeitung eines Grundsatzprogramms der Handelskammerorganisation
– Schwerpunkt Mittelstandspolitik (Mittelstandskongresse, Mittelstandsgesetz, Durchsetzung des Mittelstandsberichtes der Bundesregierung
– Initiativen zur Deregulierung und Entbürokratisierung (z.B. im Parlament, 16.12.1983)
– Konsequenter Weg von der Intervention zur Marktwirtschaft
– Erleichterung von Betriebsgründungen

- Reform der Gewerbeordnung
- Schaffung fairer Wettbewerbsbedingungen (Kartellgesetz, Gesetz gegen den unlauteren Wettbewerb)
- Marktordnungsgesetze
- Wachstumsgesetze (Koren-Plan)
- Gewerbestrukturverbesserungsgesetz, Strukturverbesserungsgesetz
- Arbeitsmarktförderungsgesetz
- Jahrelange Forderungen nach Budgetsanierung – als Voraussetzung für
- Steuerreform mit wesentlichen Steuererleichterungen für die Wirtschaft
- Sanierung der Verstaatlichten Industrie – Privatisierung
- Fremdenverkehrsförderung
- Initiativen zur Forcierung des Beitritts Österreichs zu den EG

2. Sozialpartnerschaft

- Ausbau der Sozialpartnerschaft im Sinne einer gesamtwirtschaftlichen Konzeption mit Betonung auf die Freiwilligkeit der Zusammenarbeit (keine Nebenregierung)
- Ausweitung der sozialpartnerschaftlichen Aktivitäten auf alle wichtigen Bereiche der Wirtschaftspolitik
  * Sallinger-Benya-Abkommen 1972 zur Bekämpfung der Inflation
  * Preisgesetzgebung
  * Vorschläge zur Budgetpolitik und Budgetprognose
  * Umstellung auf Mehrwertsteuersystem
  * Arbeitszeitverkürzung
  * Arbeitsverfassungsgesetz

* Arbeiterabfertigung
* Flexibilisierung der Arbeitszeit sowie Betriebs- und Ladenöffnungszeiten
– Erhaltung der Gesprächsbereitschaft der Sozialpartner trotz politischer Differenzen und Änderung der Machtverhältnisse
– Wesentlicher Beitrag zur Erhaltung des sozialen Friedens

3. Bundeskammer

– Versachlichung der Wirtschaftspolitik
  * Gründung der Wissenschaftlichen Abteilung
  * Gründung der Abteilung für Statistik und Dokumentation
  * Aufbau eines EDV-Systems zur Information und Dokumentation
  * Schaffung eines Referates für Umweltschutz und Umweltschutzberatung
  * Starke Forcierung internationaler Kontakte der Kammerexperten.
– Stärkung der Wettbewerbsfähigkeit der österreichischen Wirtschaft durch Beeinflussung der Gesetzgebung und Ausbau der Serviceleistungen der Kammerorganisation.
  Besondere Schwerpunkte:
  * Ausbau der Außenhandelsorganisation
  * Exportförderung
  * Einsatz technischer Informationssysteme
  * Internationalisierung der Wirtschaft
  * Technologieaustausch
  * Innovationsförderung
  * Ausbildung – Weiterbildung

Bekenntnis und Vermächtnis für die Zukunft

Rede vor dem Wirtschaftsbund

30. September 1989

Wenn ich heute als Obmann des Österreichischen Wirtschaftsbundes Abschied nehme, denke ich an jenen Tag zurück, an dem ich angefangen habe – angefangen, das gestehe ich ein, mit Unsicherheit und Ungewißheit, aber doch mit dem Ziel vor Augen, das Erbe von Julius Raab für die Zukunft zu bewahren und mein Bestes zu geben. Ich war mir damals noch nicht über die Größe des Aufgabengebietes, über die Tragweite der Entscheidungen und über die Fülle neuer Verantwortungen ganz im klaren. Die Politik auf Bundesebene war für mich in vielen Bereichen neu, obwohl ich ja 1966, zu Beginn meiner Funktion als Wirtschaftsbundobmann, schon seit 2 Jahren Präsident der Bundeswirtschaftskammer und vorher auch in zahlreichen Funktionen der Wiener Handelskammer engagiert war. Für mich war damals die ÖVP die Partei der großen, erfahrenen Männer wie Gorbach, Klaus, Withalm, Maleta und Wallner, die ich bewundert, manchmal vielleicht auch kritisiert, jedenfalls aber in ihren politischen Handlungen und Haltungen sehr geachtet habe. Ich war zu dieser Zeit der politische Neuling, der Unerfahrene, der Benjamin – der das natürlich oft auch zu spüren bekam. Das hat mich manchmal zwar ge-

23

stört, das möchte ich aus der Erinnerung ganz offen sagen, aber nicht in meinen Auffassungen behindert und schon gar nicht in meinen Zielen beirrt. Mit dem festen Willen, die Anliegen der Wirtschaft mit aller Kraft zu vertreten, den Unternehmern ihre Entfaltung in der Zukunft zu erleichtern und für Österreich Weichen in eine moderne Entwicklung zu stellen, bin ich in die Politik hineingewachsen. Diese Auffassung habe ich 23 Jahre lang als Obmann des Österreichischen Wirtschaftsbundes versucht, gegenüber allen Parteien, Regierungen und Bevölkerungsgruppen zu vertreten und auch durchzusetzen.

Ich habe meine Aufgabe immer darin gesehen, Probleme mit den verschiedenen Gruppen und Teilorganisationen gemeinsam zu lösen, die Österreichische Volkspartei einig und stark zusammenzuhalten und eine möglichst breite Zustimmung in der Bevölkerung für unsere Weltanschauung, für unseren Weg und für unsere Politik zu finden. Denn ich bin heute noch überzeugt, damit für alle Österreicher das Beste erreichen zu können.

Meine sehr geehrten Damen und Herren!
Liebe Freunde!

Es bleibt Ihnen heute und auch in den nächsten Jahren überlassen, meine Arbeit zu beurteilen, für mein politisches Wollen Verständnis aufzubringen oder auch meine Wege zu kritisieren. Ich will nur soviel sagen: Ich habe mich stets für eine starke Wirtschaft, für freie Unternehmer, für gesunde und zukunftsreiche Klein- und Mittelbetriebe, für Österreichs Position in der Welt und für gute Chancen unserer Jugend eingesetzt. Ich glaube auch, daß alle jene mit mir den richtigen Weg gegangen sind, die Österreich voranstellen, für eine konstruktive Zusammenarbeit aller gesellschaftlichen und politischen Gruppen eintreten und lieber einmal einen tragfähigen Kompromiß in Kauf nehmen, statt ständig Streit und Zwietracht zu säen. Diese grundsätzliche Haltung hat mich auch dazu veranlaßt, gegen alle Widerstände für die Zusammenarbeit der Sozialpartner einzutreten. Die Sozialpartnerschaft war und ist für mich ein wesentliches Element für politische und wirtschaftliche Stabilität in unserem Land. Ich bin überzeugt davon, daß sachliche Argumente, gegenseitige persönliche Achtung und konsequente Zielsetzungen in der Politik viel stärker sind und weiter führen, als Polemik, kleinliche Eitelkeiten, Profilierungssucht und persönliche Machtgelüste. Die heutige Zeit verlangt von uns viel Aufgeschlossenheit, Anstrengungen, Willen zu permanenten Änderungen, Mut zu neuen Perspektiven, modernen Entwicklungen und raschen Entscheidungen. Das heißt aber nicht, daß jene die Besten und Erfolgreichsten sind, die glauben, alle Traditionen, alles Hergebrachte und Altbewährte ständig und lauthals über Bord werfen zu müssen. Ein Baum ohne Wurzeln wird nie im Stande sein, neue Blätter und Früchte hervorzubringen. Ein Gebäude ohne festes Fundament wird den Stürmen unserer Zeit nicht standhalten und ein Mensch ohne Tradition und Erfahrungen wird nichts wirklich Großes für die Zukunft leisten.

Liebe Freunde,
meine sehr geehrten Damen und Herren!

Jetzt bin ich bei dem Stichwort angelangt, das mich noch jetzt als alter Mann am meisten bewegt und das mich Zeit meines Lebens vorangetrieben hat: Die Zukunft. Ich meine damit die Zukunft unseres Landes und seiner Bevölkerung, die Zukunft unserer Partei und der Politik in Österreich, die Zukunft unserer Wirtschaft und, das allem voran, die Zukunft unserer Jugend. Ich möchte nur einige Punkte erwähnen, die mir für diese Zukunft wichtig erscheinen. Österreich muß in Zusammenarbeit aller politischen, gesellschaftlichen und wirtschaftlichen Kräfte alles daran setzen, eine lebenswerte, gesunde Umwelt als Lebensraum für die Menschen in unserem Land zu erhalten und zu gestalten. Dazu sollte der bewährte Weg der Marktwirtschaft begangen und genutzt werden, weil in ihr die stärksten Kräfte vorhanden sind, auch schwierige Probleme tatkräftig, dauerhaft und ohne große schädliche Nebenwirkungen zu lösen. Wir müssen unsere Bevölkerung, unser Land, unsere Wirtschaft gründlich auf die Erfordernisse eines großen Europäischen Binnenmarktes vorbereiten. Ich sehe für Österreich auch die Notwendigkeit, die Internationalisierung unseres kleinen Landes voranzutreiben, die weltweite Verflechtung zu vertiefen und alle Möglichkeiten unserer traditionellen Rolle, Vermittler zwischen Ost und West zu sein, nach besten Kräften zu nützen. Dies gilt in erster Linie für die Wirtschaft. Ich meine aber auch, daß wir unsere internationalen Aufgaben ebenso im politischen, kulturellen, gesellschaftlichen und humanitären Bereich wahrzunehmen haben. Wir sind in der guten Lage, diesen Weg nicht neu beschreiten zu müssen, sondern fortsetzen zu können. Dazu brauchen wir aber in unserem Land ein gutes politisches und gesellschaftliches Klima, eine vernünftige, wirtschaftsgerechte Politik und Visionen für die Zukunft, die auf dem Ideenreichtum und der Tüchtigkeit der Österreicher aufbauen können.

Die Sanierung des Bundeshaushaltes, die Konsolidierung und Privatisierung der Verstaatlichten Industrie, die Steuerreform, eine solide Spargesinnung im öffentlichen Sektor, Entbürokratisierung und eine Verwaltung, die den Bürgern möglichst großes Vertrauen und möglichst viel Freiheit gibt, sind wichtige Voraussetzungen für unsere Reise in die Zukunft. Wir sind dazu aufgerufen, politisch einig und stark die Interessen der Wirtschaft und die Anliegen der Vernunft durchzusetzen. Wir haben gegenüber den unternehmerischen Menschen die Verantwortung, jene Rahmenbedingungen zu schaffen und zu verbessern, die der Risikobereitschaft, der Eigeninitiative, der Leistung und der Kreativität breiten Raum geben. Ich habe meine Arbeit in der Handelskammer und in der Politik gerne gemacht, habe meine Tätigkeit geliebt und gehe nicht leichten Herzens von hier weg. Ich bin mir bewußt, daß nun eine neue Generation mit Tatkraft und Stärke die Verantwortung übernehmen und die Zukunft gestalten muß. Julius Raab hat in seinem Testament gesagt: „Aber alle bitte ich inständig, die rot-weiß-rote Fahne hochzuhalten und unser schönes Österreich als einen Hort der Freiheit zu bewahren."
Diese Bitte gebe ich heute an den Wirtschaftsbund und an meinen Nachfolger weiter.

Sozialpartnerschaft im Wandel

Sozialpartner – ihre Beiträge zur Wirtschaftsentwicklung und zukünftige Aufgaben

Vortrag beim Wirtschaftssymposium

14. Mai 1980

In diesen Tagen, in denen wir das 25jährige Jubiläum des Staatsvertrages feiern, wird die öffentliche Diskussion weniger von der Zukunft unseres Landes, sondern vielmehr vom Rückblick auf die Vergangenheit beherrscht. Wir haben allen Grund, uns über die Wiedererlangung der Souveränität, der Freiheit und der Unabhängigkeit Österreichs zu freuen. Wir haben in diesen 25 Jahren bewiesen, daß wir unsere Freiheit und Selbständigkeit nützen können; wir haben gezeigt, daß wir imstande sind, eine leistungsstarke Wirtschaft aufzubauen, und ein hohes Maß an Wohlstand und sozialer Sicherheit zu erreichen. Wir konnten die Zweifel an der Lebensfähigkeit Österreichs gründlich widerlegen. Das ist in erster Linie dem Mut, dem Aufbauwillen, der Opferbereitschaft und dem Fleiß der österreichischen Bevölkerung zu danken; zu der positiven Entwicklung in unserem Land hat aber auch die freiwillige Zusammenarbeit der Sozialpartner entscheidend beigetragen. Natürlich kann man die Zukunft immer nur darauf aufbauen, was in der Vergangenheit geschaffen wurde und was man an Erfahrungen gewonnen hat. Die Hoffnung auf die Zukunft ist aber nur dann begründet, wenn die neuen Probleme zur Kenntnis genommen werden, wenn der Wille zur Zusammenarbeit vorhanden ist und wenn realistische Lösungen in die Tat umgesetzt werden.

Der Einflußbereich, die Gestaltungsmöglichkeiten und die Ziele der Sozialpartner haben sich natürlich in den letzten Jahrzehnten stark gewandelt. Die schwierige politische und wirtschaftliche Lage in der Nachkriegszeit hat die tragenden Kräfte in unserem Land dazu bewogen, dem wirtschaftlichen Wiederaufbau und der politischen Stabilisierung Vorrang einzuräumen. Politik und Wirtschaft waren von einem starken Willen zur Zusammenarbeit geprägt. Daraus hat sich auf wirtschaftlicher Ebene das österreichische Modell der Sozialpartnerschaft entwickelt, das die gemeinsame Aufgabe vor trennende Interessengegensätze gestellt hat. Die Errichtung von Produktionsstätten, die Schaffung von Arbeitsplätzen und die Sicherung der Versorgung waren zunächst die wichtigsten Ziele aller Österreicher und damit auch der Interessenvertretungen der Arbeitgeber und der Arbeitnehmer.

Es hat sich immer stärker die Erkenntnis durchgesetzt, daß ein dauerhafter wirtschaftlicher Aufschwung nur auf der Basis solider wirtschaftlicher Grundlagen möglich ist.

Auf Sozialpartnerebene war man bestrebt, an einer umfassenden Wirtschaftspolitik mitzuwirken und damit über die bisherige punktuelle Beeinflussung von Löhnen und Preisen hinauszugehen. Das Grundkonzept war auf ein möglichst hohes wirtschaftliches Wachstum ausgerichtet, das seinen Niederschlag nicht nur in Einkommenssteigerungen, sondern in einem Ausbau der sozialen Sicherheit finden sollte.

In diesen Jahren war unbestritten, daß bessere Sozial-einrichtungen, höhere Pensionen, mehr Urlaub, arbeits-rechtliche Verbesserungen und ähnliches nur finanziert werden können, wenn die Wirtschaft wettbewerbsfähig ist und floriert. Die Politik wurde daher darauf ausgerichtet, die Investitionen und den technischen Fortschritt zu fördern, die Modernisierung der Produktionsstätten zu ermöglichen, Rationalisierungsmaßnahmen zu setzen und den Strukturwandel zu erleichtern. So ist es auch gelungen, eine Wirtschaftsstruktur zu schaffen, die international konkurrenzfähig wurde und eine starke Ausweitung des Außenhandels ermöglichte.

Die hohen Wachstumsraten der sechziger Jahre und die unmittelbare Mitwirkung der Sozialpartner an der Gestaltung der Wirtschafts- und Sozialpolitik haben Interessenkonflikte zwischen Arbeitgebern und Arbeitnehmern auf ein Minimum reduziert. Das erfreuliche Ergebnis dieser Politik war der soziale Friede in Österreich, um den wir international immer noch beneidet werden. Damals war es selbstverständlich, daß weder von der Wirtschaft noch vom Staat mehr verteilt werden kann, als alle Erwerbstätigen erarbeiten.

Die Vernachlässigung der Stabilisierungspolitik – in Österreich ebenso wie in anderen westlichen Industriestaaten – war eine der Hauptursachen für den plötzlichen Wachstumseinbruch Mitte der siebziger Jahre. Die Rezession kam unerwartet und hat praktisch alle Industrieländer betroffen.

Der Schock über den Wirtschaftsrückgang Mitte der siebziger Jahre hat die wirtschaftspolitisch Verantwortlichen völlig unvorbereitet getroffen. Er hat bewirkt, daß der allgemeine Wachstumsglaube, die Meinung, daß es immer so weitergehen kann, in einen tiefen Wachstumspessimismus umgeschlagen hat. Einige Regierungsmitglieder haben daraufhin das System der Sozialen Marktwirtschaft, das den raschen wirtschaftlichen Aufschwung ermöglicht hatte, an sich in Zweifel gezogen.

Die Interessenvertretung der Wirtschaft kann allerdings eine Auffassung nicht akzeptieren, die die unternehmerische Funktion nicht anerkennt. Wir teilen die Meinung nicht, daß wirtschaftliche Fehlentwicklungen generell auf das Versagen der Unternehmer zurückzuführen sind, ich sage dies ganz deutlich, weil ich glaube, daß man nur dann konstruktiv verhandeln und damit positive Ergebnisse erzielen kann, wenn man Meinungen ehrlich ausspricht.

Wir sind überzeugt, daß das System der Sozialen Marktwirtschaft unseren heutigen Wohlstand erst ermöglicht hat; wir sind auch überzeugt, daß eine marktwirtschaftlich orientierte Wirtschaftspolitik die einzige Alternative ist, den Wohlstand zu erhalten und unsere schwierigen Zukunftsprobleme zu lösen. In keinem anderen Wirtschaftssystem sind die Lebensbedingungen für die gesamte Bevölkerung sozialer, als in unserer Marktwirtschaft.

Ich habe niemals akzeptiert, daß durch Investitionslenkung und bürokratische Entscheidungen bessere wirtschaftliche Ergebnisse zustandekommen können, als durch die freie, eigenverantwortliche Entscheidung des Unternehmers. Niemand kennt die Betriebe besser als die Unternehmer selbst und niemand weiß besser, was in den Betrieben notwendig ist.

Ich möchte als Positivum zum Ausdruck bringen, daß die österreichische Wirtschaft immer die Arbeitsplätze gehalten und auch neue Arbeitsplätze geschaffen hat, in der Industrie ebenso wie im Handel, im Gewerbe,

Mit seinem Nachfolger, Ing. Leopold Maderthaner, 1989

Mit Gewerkschaftsbund-Präsident Anton Benya, die personifizierte Sozialpartnerschaft, 1989

Altbundeskanzler Dr. Bruno Kreisky gratuliert dem Jubilar zum 70. Geburtstag, rechts im Bild Ehefrau Antonie Sallinger, 1986

In der ÖVP-Bundesparteileitung – u. a. mit Ferdinand Graf, Felix Hurdes, Alfons Gorbach, Josef Klaus, Hermann Withalm, Otto Mitterer, um 1968

im Fremdenverkehr und in den anderen Branchen. Die meisten und sichersten Arbeitsplätze und die besten Ausbildungsplätze werden aber von den vielen kleinen und mittleren Betrieben der heimischen Wirtschaft angeboten. Natürlich brauchen wir auch große Industriebetriebe, die eine hohe Wertschöpfung haben, denen eine Schrittmacherrolle in der Wirtschaft zukommt und die für kleine und mittlere Betriebe wichtige Auftraggeber sind. Die staatliche Strukturpolitik darf aus diesen Gründen nicht einseitig auf Großbetriebe ausgerichtet werden.

In den achtziger Jahren stehen uns tiefgreifende Änderungen und wirtschaftliche Probleme bevor, die zu einem großen Teil durch die weltwirtschaftliche Entwicklung bedingt sind. Es wird darum gehen, enorme Energie- und Rohstoffpreiserhöhungen zu verkraften und die Versorgung mit Energie und Rohstoffen zu sichern.

Bei stagnierendem Wachstum werden wir schwierige Verteilungsprobleme zu lösen haben. Wir müssen in den kommenden Jahren Tausende neue Arbeitsplätze schaffen, um die Vollbeschäftigung zu erhalten; das ist unser vorrangiges Ziel. Wir werden trachten müssen, die Inflationsgefahr einzudämmen, um die Wettbewerbskraft der Wirtschaft und den sozialen Frieden nicht zu gefährden. Von der Lösung dieser Probleme wird es abhängen, ob wir weiterhin in Wohlstand leben und den hohen Standard an sozialer Sicherheit finanzieren können.

Wirtschaft und Gewerkschaft

Ansprache zum 90jährigen Bestand der Metallarbeitergewerkschaft

4. Mai 1980

Ich möchte der Gewerkschaft Metall – Bergbau – Energie namens der gesamten österreichischen Wirtschaft zu ihrem 90jährigen Bestehen herzlich gratulieren. Seit den Anfängen der Gewerkschaftsbewegung bis zum heutigen Tag haben sich die Aufgaben der Gewerkschaften vielfach gewandelt und in den letzten Jahrzehnten stark ausgeweitet. Vom Kampf um höhere Löhne und bessere arbeitsrechtliche Bedingungen, um eine Stärkung der Verhandlungsposition der Arbeiter in den Unternehmen war es ein weiter Weg bis zur Mitgestaltung der Wirtschafts- und Sozialpolitik im Wohlfahrtsstaat, die heute selbstverständlich ist.

Durch diesen Wandel im Aufgabenbereich haben die Gewerkschaften ein hohes Maß an Verantwortung für das soziale und wirtschaftliche Geschehen in unserem Staat zu tragen.

Längst sind nicht mehr Streik und Streikdrohung die bevorzugten Instrumente der Gewerkschaften, sondern das sachliche Verhandeln mit Unternehmern, ihren Interessenvertretungen und der Regierung. Dieser Wandel im Stil steht im engen Zusammenhang mit dem Bestreben der Wirtschaft, am sozialen Fortschritt mitzuwirken und bei den Mitarbeitern für wirtschaftspolitische Notwendigkeiten Verständnis zu finden.

In den schwierigen Jahren nach dem Zweiten Weltkrieg ist daraus das bewährte System der freiwilligen Zusammenarbeit der Sozialpartner entstanden. Sie beruht auf der gemeinsamen Einsicht, daß im Verhandlungswege, mit sachlichen Argumenten und gegenseitigem Verständnis für Arbeitnehmer und Arbeitgeber mehr zu erreichen ist, als durch Kampf und ständigen Konflikt.

Die erfolgreiche Sozialpartnerschaft funktioniert nicht von selbst und wird immer wieder harten Belastungsproben ausgesetzt. Die ausgehandelten Kompromisse fordern nicht selten die Kritik der Betroffenen heraus; die Partner müssen sich oft Kritik aus den eigenen Reihen gefallen lassen. Einvernehmliche Lösungen erfordern aber die Bereitschaft aller, Opfer zu bringen und das Gemeinsame über das Trennende zu stellen.

Auf Dauer kann eine Zusammenarbeit nur dann bestehen, wenn die Verhandlungspartner gleichberechtigt sind und auch gleiches Gewicht haben.

Ich bin, wie Sie ja wissen, zur Sozialpartnerschaft positiv eingestellt. Ich habe die freiwillige Zusammenarbeit der Sozialpartner auch immer verteidigt. Gerade deshalb muß ich auch kritisch sein.

Nur wenn wir selbst unsere Zusammenarbeit ständig überprüfen, werden wir ihren Fortbestand in der Zukunft sichern können. Ich glaube, daß es auf längere Sicht auch für die Gewerkschaft und für die Interessen der Arbeitnehmer mehr bringt, als gleichgewichtige Partner gemeinsam mit der Wirtschaft die soziale und wirtschaftliche Entwicklung zu gestalten, als ständig das Gewicht der Regierung in die Waagschale zu legen.

Ich habe immer wieder betont – und es auch bewiesen –, daß mir die Arbeitsplätze der Bevölkerung und die Ausbildungsplätze für unsere Jugend genauso am Herzen liegen wie dem Präsidenten des Österreichischen Gewerkschaftsbundes. Ich bin fest davon überzeugt, daß die besten und sichersten Arbeitsplätze und die hochwertigsten Ausbildungsplätze von den vielen kleinen und mittleren Betrieben der heimischen Wirtschaft angeboten werden. Natürlich brauchen wir auch große Industriebetriebe, denen eine Schrittmacherrolle in der Wirtschaft zukommt und die für kleine und mittlere Betriebe wichtige Auftraggeber sind. Die staatliche Strukturpolitik darf aber nicht einseitig auf Großbetriebe ausgerichtet werden.

Ich bin optimistisch für die Zukunft, wenn es gelingt, die verantwortungsbewußte Kooperation zwischen Wirtschaft und Gewerkschaft fortzusetzen und in vielen Bereichen noch zu vertiefen. Die Zusammenarbeit der Sozialpartner kann aber nicht durch mehr Regeln, Vorschriften und Gesetze verbessert und intensiviert werden, sondern im Gegenteil: Die Freiwilligkeit muß gewahrt bleiben, das Verhandlungspotential der Partner sollte wieder vergrößert und die Vertrauensbasis gestärkt werden.

Sozialpartnerschaft — Basis für eine gesunde Entwicklung

Vortrag in Bozen

24. April 1982

Ich freue mich, daß ich heute Gelegenheit habe, an der Generalversammlung des Südtiroler Wirtschaftsringes teilzunehmen. Die Zusammenarbeit zwischen der österreichischen Handelskammerorganisation und den Südtiroler Wirtschaftsverbänden hat eine lange Tradition und war immer sehr fruchtbar. Das reale Fundament für diese Kooperation sind die engen wirtschaftlichen und wirtschaftspolitischen Beziehungen, die zwischen Österreich und Südtirol bestehen. Gerade in einer wirtschaftlich schwierigen Situation, mit der wir gegenwärtig alle konfrontiert sind, erscheint es mir besonders wichtig, daß die Unternehmer und ihre Verbände näher zusammenrücken. Wenn der wirtschaftliche Erfolg ausbleibt und wirtschaftspolitische Maßnahmen der Regierungen nicht mehr greifen, ist man schnell bei der Hand, die Unternehmer für alle wirtschaftlichen Probleme verantwortlich zu machen. Man spricht dann von Fehlinvestitionen, von falschen Unternehmerentscheidungen, von mangelnder Innovationsbereitschaft und auch davon, daß am Markt vorbeiproduziert wird. Dagegen müssen wir uns zur Wehr setzen. Wir müssen klarstellen, daß sich einerseits die weltwirtschaftliche Entwicklung verändert hat und daß andererseits die Belastungen für die Betriebe durch die staatliche Wirtschafts- und Sozialpolitik bis an die Grenze des Tragbaren gestiegen sind.

Ich glaube, daß sich in vielen Staaten das wirtschaftliche Klima verschlechtert hat. Unsere Unternehmer strengen sich mehr denn je an, ihre Weltmarktposition zu halten, mit Preis und Qualität konkurrenzfähig zu bleiben, neue Produkte herzustellen, die steigenden Kosten durch Rationalisierung aufzufangen und innovativ zu sein. Es liegt, wie ich meine, vor allem an der Wirtschaftspolitik, diese Bemühungen zu unterstützen und sie nicht zu behindern.

Rückläufige Wachstumsraten, hohe Arbeitslosigkeit und große Zahlungsbilanzdefizite kennzeichnen derzeit die wirtschaftliche Lage.

Die weltweite wirtschaftliche Problematik wird dadurch verschärft, daß reale Einkommensteigerungen in den nächsten Jahren sehr gering oder überhaupt nicht möglich sein werden. Wir müssen also damit rechnen, daß die sozialen Konflikte in vielen Ländern zunehmen. Dadurch könnte aber die wirtschaftliche Entwicklung zusätzlich beeinträchtigt werden.

In Österreich ist es bisher gelungen, soziale Konflikte friedlich, im Verhandlungsweg, auszutragen und den sozialen Frieden zu erhalten. Die freiwillige Zusammenarbeit der Sozialpartner hat meines Erachtens wesentlich dazu beigetragen, daß sich unsere Wirtschaft bisher relativ gut halten konnte. Die Sozialpartnerschaft ist natürlich in Österreich nicht unumstritten und auch nicht ungefährdet. Diese Institution kann meines Erachtens aber wesentlich dazu beitragen, die gegenwärtige Periode der wirtschaftlichen Stagnation zu überwinden, Sie ist schließlich in einer Zeit der größten wirtschaftlichen Schwierigkeiten entstanden; in einer Zeit, als es galt, den Wiederaufbau aus dem wirtschaftlichen Nichts nach dem Zweiten Weltkrieg zu bewältigen. Für mich war und ist die Zusammenarbeit der Sozialpartner eine wichtige Grundlage für eine gedeihliche wirtschaftliche und soziale Entwicklung unseres Landes.

Die nunmehr seit 25 Jahren bestehende Sozialpartnerschaft in Österreich hat sich im Laufe der Zeit natürlich stark gewandelt. Die Bewertung der Sozialpartnerschaft ist auch bei uns sehr unterschiedlich. Sie hängt weitgehend von den jeweiligen politischen Verhältnissen und von den Problemen ab, die es gerade zu lösen gibt. Eines ist aber unbestritten: Die österreichische Form der Sozialpartnerschaft hat die Wirtschaftspolitik, die wirtschaftliche Entwicklung, den politischen Stil und das Demokratieverständnis in unserem Land maßgebend beeinflußt.

Die Sozialpartnerschaft hat sich in der Praxis herausgebildet und basiert nicht auf einem theoretischen Konzept. Ihre Wurzeln sind nicht ideologisch, sondern pragmatisch. Ausgangspunkt der freiwilligen Zusammenarbeit von Arbeitgeber- und Arbeitnehmervertretungen in der Zweiten Republik war der feste Wille der beiden großen politischen Parteien und der Interessenvertretungen, das Gemeinsame vor das Trennende zu stellen. Dem wirtschaftlichen Wiederaufbau wurde Vorrang vor der ideologischen Auseinandersetzung eingeräumt. Auf Regierungsebene fand diese Einstellung in der langjährigen großen Koalition ihren Ausdruck.

In der freiwilligen Zusammenarbeit der Sozialpartner versuchte man die Idee zu verwirklichen, Konfrontationen der großen Interessengruppen zu vermeiden und sie weitgehend durch Verhandlungen und durch Kooperation zu ersetzen. Man war der gemeinsamen Auffassung, daß die Erhaltung des sozialen Friedens eine wesentliche Voraussetzung für die Erreichung der wirtschaftlichen und politischen Unabhängigkeit unseres Landes ist. Den Sozialpartnern ist es häufig gelungen, nicht nur im eigenen Bereich Einigung zu erzielen, sondern auch festgefahrene parteipolitische Standpunkte zu überwinden und durch eine Versachlichung der Wirtschafts- und Sozialpolitik die politische Handlungsfreiheit zu vergrößern.

Vor allem im Beirat für Wirtschafts- und Sozialfragen, einem Unterausschuß der Paritätischen Kommission, wurde versucht, wirtschafts- und sozialpolitische Konzepte auszuarbeiten, Konsens über konkrete Maßnahmen zu erzielen und der jeweiligen Regierung Empfehlungen zu übermitteln.

Die Mitwirkung der Sozialpartner an der Wirtschaftspolitik hat sicherlich dazu beigetragen, daß in Österreich lange Zeit hindurch ein international überdurchschnittliches Wirtschaftswachstum erreicht wurde und verteilungspolitische Konflikte minimiert werden konnten.

Die Interessenvertretung der Wirtschaft hat die Sozialpartnerschaft niemals als ein starres Schema betrachtet. Wir waren uns immer bewußt, daß die freiwillige Zusammenarbeit der Verbände flexibel bleiben muß, wenn sie wirksam sein soll. Wir haben allerdings immer betont, daß ein konstruktives Zusammenwirken möglich ist, wenn die Verhandlungsergebnisse nicht dauernd nur zu Lasten eines Partners gehen und wenn die Freiwilligkeit der Zusammenarbeit gewahrt bleibt.

Die Sozialpartnerschaft ist ein Ausgleichssystem, das nur funktionieren kann – das muß in aller Deutlichkeit gesagt werden –, wenn für die Partner einigermaßen gleichgewichtige Machtverhältnisse herrschen. Partnerschaft bedeutet immer die Zusammenarbeit von Personen oder Gruppen, die sich in einer vergleichbaren Position befinden. Keinesfalls ist Partnerschaft dann gegeben, wenn die eine Seite die andere beherrscht und die gemeinsamen Angelegenheiten allein bestimmt oder wenn die Regierung einem Partner ein wesentlich größeres Gewicht einräumt.

Wenn die Grundvoraussetzung für das Unternehmertum, nämlich eine marktwirtschaftliche Wirtschafts- und Gesellschaftsordnung, in zunehmendem Maße in Frage gestellt wird, werden auch die Interessengegensätze schärfer. Es wird dann auch schwieriger, Kompromisse zu erzielen und sich auf gemeinsame Lösungen zu einigen.

In den achtziger Jahren stehen uns tiefgreifende Änderungen und wirtschaftliche Probleme bevor. Es wird darum gehen, enorme Energie- und Rohstoffpreiserhöhungen zu verkraften und die Versorgung mit Energie und Rohstoffen zu sichern. Bei stagnierendem Wachstum werden wir schwierige Verteilungsprobleme zu lösen haben. Wir werden trachten müssen, den Kostenauftrieb einzudämmen, um die Wettbewerbskraft der Wirtschaft nicht zu gefährden. Von der Lösung dieser Probleme wird es abhängen, ob wir weiterhin in Wohlstand leben und den hohen Standard an sozialer Sicherheit finanzieren können.

Meines Erachtens ist das Funktionieren der Sozialpartnerschaft nicht von formalen Institutionen abhängig. Sozialpartnerschaftliche Zusammenarbeit ist vielmehr Ausdruck einer geistigen Einstellung, die Konflikte möglichst vermeiden will und gemeinsamen Lösungen den Vorrang gibt.

Die Sozialpartnerschaft wird mißverstanden, wenn man darin ein Instrument sieht, um den Einfluß von Staat und Politik auf die Betriebe zu verstärken. Wir haben die Sozialpartnerschaft stets so verstanden, daß sie die Möglichkeit gibt, freiwillige Vereinbarungen an die Stelle von staatlichen Dirigismen und starren Regelungen zu setzen.

Unsere Mitwirkung in der Sozialpartnerschaft ist immer darauf ausgerichtet gewesen, die unternehmerische Entscheidungsfreiheit zu wahren und direkte Eingriffe in den betrieblichen Entscheidungsprozeß zu vermeiden.

Ich bin der Auffassung, daß die Freiheit des Unternehmers nicht nur ein gesellschaftspolitisches Anliegen ist, sondern eine wesentliche Voraussetzung für die Dynamik und Leistungsfähigkeit einer Volkswirtschaft. Die Verantwortlichen in der Politik sollten sich endlich darauf besinnen, daß mit der Fesselung der unternehmerischen Aktivität die gesamte Wirtschaft ihre Anpassungsfähigkeit, ihre Beweglichkeit und ihre Innovationskraft verliert. Ein neuer Wirtschaftsaufschwung kann nicht durch mehr Staat und mehr Bürokratie in die Wege geleitet werden, sondern nur durch mehr unternehmerische Freiheit.

Wir als Unternehmer dürfen die Hoffnung nicht verlieren, daß diese Erkenntnis, die sich in der Praxis hundertfach erwiesen hat, auch in der Politik zum Durchbruch kommt.

Zum Arbeitsverfassungsgesetz

Rede im österreichischen Nationalrat

3. Juli 1986

Zu Beginn der heutigen Debatte über das Arbeitsverfassungsgesetz möchte ich eine grundsätzliche Feststellung treffen: Die Zusammenarbeit der Unternehmer
und ihrer Mitarbeiter in den Betrieben, ebenso wie auf
der Ebene der Interessenvertretungen, hat sich gleich
nach Kriegsende gut entwickelt. Das ist auch eine der
Ursachen des raschen Wiederaufbaues unserer Heimat.
Die ÖVP und die Unternehmer sind in der 2. Republik
auch von Anfang an für eine ständige Verbesserung der
Arbeitsbedingungen eingetreten. Wir brauchen zufriedene Mitarbeiter, die an ihrem Betrieb und an ihrer Arbeit interessiert sind. Wir wollen selbständige Arbeiter
und Angestellte, die mitdenken, mitgestalten, Initiativen ergreifen und konstruktive Vorschläge machen.
Das gute Klima, das in der überwiegenden Mehrzahl
unserer Betriebe herrscht, das gute Einvernehmen zwischen Unternehmern und Beschäftigten und die starke
Anteilnahme der Mitarbeiter am Betriebsgeschehen
sind der deutliche Beweis dafür. Daran soll sich auch
in Zukunft nichts ändern. Am 8. November 1984 wurde
uns allerdings vom Sozialminister Dallinger ein Forderungspaket überreicht, das grundsätzliche und für uns
unannehmbare Änderungen in der Arbeitsverfassung
bedeutet hätte. Dieses Paket in seiner ursprünglichen
Form wäre nicht nur ein schwerer Anschlag auf die

Unternehmerfreiheit gewesen. Es hätte auch die Arbeitnehmer betroffen und in ihrer Freiheit eingeengt. Daraus hätten zweifellos äußerst nachteilige Folgen für die Zusammenarbeit der Unternehmer mit ihren Mitarbeitern entstehen müssen. Durch das Hineinreden von außen entstehen immer Schwierigkeiten. Das ist in der Familie so, und das gilt auch für den Betrieb. Heute sprechen wir hier im Parlament über einen Gesetzesentwurf, bei dem ich vor zwei Jahren keine Chance gesehen habe, daß je eine Einigung zustande kommen könnte. Alle Unternehmer waren damals der Meinung, daß man über solche Forderungen des Sozialministers nicht verhandeln, ja nicht einmal darüber reden sollte. Solche Forderungen sind mit einer wirtschaftlichen Betriebsführung ganz einfach nicht vereinbar. Ich will auf die einzelnen Punkte nicht im Detail eingehen, will aber doch die wichtigsten, ursprünglichen Forderungen aufzeigen, damit man die ablehnende Haltung der Wirtschaft versteht. Das sogenannte 29-Punkte-Programm des Sozialministers hätte bedeutet, daß die Gewerkschaften bis in die kleinsten Betriebe hineinregieren können. Auch in den kleinsten Betrieben wären völlig wirtschaftsfremde Kündigungsverbote zum Tragen gekommen. Auch die Arbeitnehmer wären in eine wachsende Abhängigkeit von der Gewerkschaft geraten. Arbeiterkammer- und Gewerkschaftsvertreter wären bei allen Beratungen der Unternehmer mit ihrem Betriebsrat dabeigewesen. Ich glaube, daß der Unternehmer und seine Betriebsräte viel rascher und leichter zu einer positiven Einigung kommen. Ich möchte auch dabei wieder auf die Familie verweisen. In großen Betrieben hätte es besondere Verschärfungen gegeben. In Unternehmen mit Aufsichtsräten wäre die Wahl des

Vorstands vom Betriebsrat abhängig geworden. Der Betriebsrat hätte mit einer Minderheit des Eigentums die Kapitalmehrheit überstimmen können. So wäre es möglich geworden, der Eigentümermehrheit einen Vorstand gegen ihren Willen aufzuzwingen. Damit, meine sehr geehrten Damen und Herren, kann aber kein Betrieb in der Praxis erfolgreich geführt werden. Die zusätzlichen Kündigungsvorschriften hätten es in der gesamten Wirtschaft unmöglich gemacht, die Anzahl der Beschäftigten an die wirtschaftliche Situation des Betriebes anzupassen. Das Forderungspaket hätte, ich möchte es noch einmal erwähnen, nicht nur für die Unternehmer, sondern auch für die einzelnen Arbeitnehmer sicherlich Nachteile gebracht. Jedes Einstellungsgespräch hätte von vornherein in Anwesenheit eines Betriebsrates geführt werden müssen. Auch die einvernehmliche Lösung eines Arbeitsverhältnisses wäre ohne Einschaltung des Betriebsrates in Hinkunft nicht mehr möglich gewesen. Sie können sich vorstellen, meine Damen und Herren, daß für die Wirtschaft dieser Forderungskatalog des Sozialministers völlig unannehmbar war und daß gegen ein solches Ansinnen Sturm gelaufen wurde. Trotzdem haben wir versucht, uns mit diesen Forderungen auseinanderzusetzen und darüber Gespräche zu führen. Sie können mir glauben, daß unsere Vorgangsweise nicht von allen Unternehmern gutgeheißen wurde. Auch ich persönlich habe als Vertreter der Wirtschaft wegen der Verhandlungen von mancher Seite schwere Kritik einstecken müssen.

Von November 1984 bis Juni 1985 fanden 11 Sondierungsgespräche auf Expertenebene der Sozialpartner statt. Die Präsidenten kamen vom September 1985 bis April 1986 zu 5 Gesprächen zusammen. Bei diesen

Kontakten auf Präsidentenebene haben wir endgültig festgestellt, welche Punkte für die Wirtschaft überhaupt nicht tragbar sind und über welche Punkte Verhandlungen möglich sind. Auf dieser Basis wurden dann weitere 5 Expertengespräche abgehalten, bei denen jene Forderungen zur Sprache kamen, die die Wirtschaft akzeptieren konnte und gleichzeitig auch jene Punkte, die für die Gewerkschaft der harte Kern waren. Ich möchte Ihnen mit dieser Schilderung vor Augen führen, wie langwierig, mühsam und manchmal fast aussichtslos diese Verhandlungen waren. Ich wurde oft gefragt – und auch deshalb kritisiert –, warum ich überhaupt eine Verhandlungsbereitschaft zeige. Ich habe das immer begründet und will es heute noch einmal sagen. Ich war immer optimistisch, daß in Österreich bei den Sozialpartnern ein Wille zur Zusammenarbeit und zu gemeinsamen Lösungen besteht. Ich bin auch überzeugt davon, daß bei dieser Frage die Sozialpartner den Konflikt, den Streit und die Konfrontation nicht gewollt haben. Auch wenn gegensätzliche Meinungen hart aufeinanderprallen, bin ich optimistisch, daß in unserem Land immer noch das Gemeinsame vor das Trennende gestellt wird. Und schließlich hoffe ich immer, daß in Österreich letzten Endes auf allen Seiten die Vernunft siegt.
Wir haben mit dem Geist und dem Klima der Zusammenarbeit in der Vergangenheit die schwierigsten Probleme bewältigt und gute Erfahrungen für alle gemacht. Ich bin auch davon fest überzeugt, daß die Zusammenarbeit der Sozialpartner in Zukunft notwendiger denn je sein wird. Natürlich hat diese Sozialpartnerschaft auch ihren Preis. Der Preis ist Augenmaß und Bereitschaft zum Kompromiß. Das sage ich auch allen,

die heute noch nicht ganz begreifen wollen, daß wir in der Frage der Arbeitsverfassung überhaupt verhandelt und zu einem Kompromiß gefunden haben. Ohne Nachgeben gibt es aber keine Lösung, die für alle tragbar ist. Ohne unseren Willen zur Zusammenarbeit werden wir mit Gewaltlösungen konfrontiert, die niemandem wirklich etwas bringen.

In der Frage der Änderung der Arbeitsverfassung hat uns der Sozialminister am Anfang deutlich zu erkennen gegeben, daß er nicht davor zurückschrecken würde, für seine Vorstellungen die parlamentarische Mehrheit der sozialistischen Koalitionsregierung einzusetzen. Das Ergebnis der vielen Gespräche und Verhandlungen hat der Sozialminister dann aber doch akzeptiert, und unsere Standpunkte und Argumente respektiert, zumal auch in den Reihen der Gewerkschaft Stimmen laut wurden, die sich gegen einseitige, sozusagen gewaltsame Regelungen gewendet haben. Der heute vorliegende Gesetzesantrag, den wir akzeptieren können, bedeutet nicht einen Sieg einer Seite über die andere. Es ist ein Sieg der Vernunft, der Sachlichkeit und der Kooperationsbereitschaft im Interesse der Arbeitgeber und der Arbeitnehmer. Den Betriebsräten werden zusätzliche Informationsrechte zugestanden. Sie bekommen ein Mitwirkungsrecht beim EDV-Einsatz für Daten, die die Persönlichkeitssphäre der Arbeitnehmer betreffen. Auch wir wollen schließlich nicht, daß in den Unternehmen Daten gespeichert werden, die den Persönlichkeitsschutz verletzen können. Der Betriebsrat wird künftig auch über Arbeitsbedingungen von neu eingestellten Mitarbeitern und über Versetzungen informiert werden. Beim Kündigungsschutz haben wir zugestimmt, daß eine Kündigung dann angefochten werden kann, wenn sie wegen der Geltendmachung arbeitsrechtlicher Ansprüche ausgesprochen wird. Schließlich wird, neben anderen Änderungen in Teilbereichen, die Funktionsperiode des Betriebsrates von 3 auf 4 Jahre verlängert. Wir wollen in unseren Unternehmen weniger Wahlkampf, weil wir vor allem an einem reibungslosen Arbeitsablauf interessiert sind. Über diese Inhalte haben wir in einem letzten Präsidentengespräch bei Minister Dallinger am 13. Juni Übereinstimmung erzielt. Die Sozialpartner und die Parteien im Parlament sollten – wie ich meine – darüber einig sein, daß es gerade jetzt von außerordentlicher Bedeutung ist, in unserem Land wieder Besonnenheit und Vertrauen in politischen Entscheidungen einkehren zu lassen. Es ist dringend notwendig, der Sachkompetenz vor Emotionen und tagespolitischen Konfrontationen Vorrang einzuräumen.

Dazu brauchen wir die Sozialpartner nach meiner Auffassung dringender denn je. Wir haben unser Ansehen in der Welt mit Leistung, hochwertigen Produkten, politischem Sachverstand und Weltoffenheit errungen. Wir dürfen dieses Image nicht durch Streitereien und kleinliche Auseinandersetzungen gefährden. Gegenwärtig sind wir mit schwierigen wirtschaftlichen Problemen konfrontiert. Es geht um Strukturänderungen, um eine Sanierung des katastrophalen Budgets, die Probleme der Umwelt und um eine zukunftsweisende Energiepolitik. Den bedauerlichen Rückgang im Fremdenverkehr müssen wir wieder wettmachen. Wie unsere Außenhandelsstellen in aller Welt berichten, ist dieser Besucherrückgang vor allem auf den niedrigen Dollarkurs, auf die Angst vor Terroranschlägen und bei manchen Ländern auch auf den rückläufigen Ölpreis zurückzuführen. In all diesen Fragen wird die Mitarbeit der Unternehmer, der Arbeitnehmer und die Kooperation der Sozialpartner eine große Bedeutung haben. Die Einigung über den vorliegenden Gesetzentwurf ist in einer Zeit entstanden, in der der Präsidentschaftswahlkampf auf dem Höhepunkt war und von vielen Mißtönen begleitet wurde. Vielleicht könnte diese Einigung auch dafür ein Signal sein, wie Probleme in Zukunft gelöst werden können. Sie sollte zeigen, daß auch größte Differenzen und gegensätzliche Standpunkte in sachlichen Verhandlungen überwunden werden können. Wir brauchen den Vorrang der Sachkompetenz in der Politik und ein hohes Maß an Verständnis für wirtschaftliche Notwendigkeiten, das sind die Ziele, die in Österreich heute angestrebt werden müssen, wenn wir die großen Probleme bewältigen und unserem Land und der ganzen Bevölkerung eine gute, chancenreiche Zukunft ermöglichen wollen.

Sozialpartnerschaft in Österreich

Artikel für die tschechoslowakische Wochenzeitschrift „Top"

1988

Unter Sozialpartnerschaft werden ganz allgemein verschiedene Formen der Zusammenarbeit von Arbeitgebern und Arbeitnehmern bzw. der sie vertretenden Interessenorganisationen verstanden. Diese Zusammenarbeit kann z. B. auf dem Gebiet der Lohn- und Preisgestaltung, der Arbeitsbedingungen, der Sozialversicherung usw. erfolgen. In allen westlichen Industriestaaten haben sich im Zuge der Konsolidierung der industriellen Gesellschaft solche Systeme der Zusammenarbeit in der einen oder anderen Art entwickelt. In Österreich ist diese Zusammenarbeit besonders eng und kann als bestimmendes Element unseres politischen Systems angesehen werden.

Für das Verhältnis der Verbände zueinander sind die historischen Erfahrungen, die in Österreich seit 1918 gemacht worden sind, von wesentlicher Bedeutung. Die Zeit der Ersten Republik war dadurch gekennzeichnet, daß so gut wie kein Kooperationswille in und zwischen den Parteien und Interessensorganisationen bestand. Dieses allgemeine Gegeneinander endete 1934 im Trauma eines Bürgerkrieges und 1938 mit dem Verlust der nationalen Selbständigkeit durch die Eingliederung in das Deutsche Reich Adolf Hitlers. In den Jahren 1938 bis 1945 waren viele führende Politiker und Verbänderepräsentanten in den Konzentrationslagern zusammen eingesperrt und hatten lang genug Gelegenheit, über die Fehler der Vergangenheit nachzudenken und Vorsätze für eine bessere Zukunft zu fassen. Prägend für die österreichische Sozialpartnerschaft waren auch die Ereignisse nach dem Krieg, insbesondere die 10 Jahre dauernde Besetzung durch die Siegermächte, wobei häufig Entscheidungen auf Sozialpartnerebene verlagert wurden, um einen Einspruch der Alliierten zu vermeiden. Die zwischen den Sozialpartnern in den schwierigsten Aufbaujahren getroffenen Lohn-Preis-Abkommen sind hiefür ein Beweis.

Die Einbindung der Verbände von Arbeitgebern und Arbeitnehmern in die politische Verantwortung ist in Österreich dadurch erleichtert, daß es sich um äußerst starke Verbände handelt: Drei davon sind Organisationen mit Pflichtmitgliedschaft, nämlich die Handelskammern, die Landwirtschaftskammern und die Arbeiterkammern, während der Österreichische Gewerkschaftsbund rund zwei Drittel der Arbeitnehmer repräsentiert und mit diesem Repräsentationsgrad in der westlichen Welt an der Spitze (nach den israelischen Gewerkschaften) rangiert. Die Existenz und die Tätigkeit der Handelskammern sind durch Bundesgesetze geregelt. Alle Unternehmen der Industrie, des Gewerbes, des Handels, des Fremdenverkehrs, des Verkehrs sowie des Banken- und Versicherungssektors sind Mitglieder. Ausgenommen sind lediglich die Energieversorgungsunternehmen. Die Handelskammern sind in einer Dachorganisation, der Bundeswirtschaftskammer, zusammengefaßt, die auf Bundesebene die Aufgaben der Interessensvertretung wahrnimmt und darüber hinaus die österreichische Außenhandelsorganisation betreibt. In jedem der 9 österreichischen Bundesländer gibt es eine Handelskammer, welche für die Angelegenheiten der Wirtschaftstreibenden des betreffenden Bundeslandes zuständig ist. Die Landwirtschaftskammern sind die Interessensvertretungen der Bauern. Die territoriale Gliederung ist wie jene der Handelskammern, die Koordination und Vertretung auf Bundesebene nimmt die Präsidentenkonferenz der Landwirtschaftskammern wahr. Die Tätigkeit der Landwirtschaftskammern ist gesetzlich geregelt, die Präsidentenkonferenz ist als Verein organisiert.

Die Arbeiterkammern sind ebenfalls gesetzlich geregelt, regional wie die Handelskammern gegliedert und zählen mit Ausnahme der öffentlichen Bediensteten sämtliche Arbeitnehmer zu ihren Mitgliedern.

Der Österreichische Gewerkschaftsbund ist als freier Verein organisiert und fungiert als Dachorganisation von 15 Fachgewerkschaften.

In diesen Kammern finden regelmäßig Wahlen statt (in den Handelskammern alle 5 Jahre, sonst alle 4 Jahre). Der ÖGB kennt keine direkten Wahlen, seine Spitzengremien werden nach Ergebnissen der Betriebsratswahl bestellt.

Die 4 Interessensorganisationen, welche Träger der Sozialpartnerschaft sind, sind parteipolitisch eindeutig orientiert. Handels- und Landwirtschaftskammern werden von Teilorganisationen der (konservativen) Österreichischen Volkspartei dominiert, Arbeiterkammer und der ÖGB von der Fraktion der Sozialistischen Partei.

Derart starke Verbände müssen beim Eingehen von Kompromissen nicht fürchten, daß ihre Mitglieder mit den Beitragszahlungen zurückhalten oder gar aus dem

Verband ausscheiden. Die österreichischen Verbände sind mit den politischen Parteien eng verflochten, was auch dadurch zum Ausdruck kommt, daß die jeweiligen Präsidenten sehr hohe Positionen in den Parteien bekleiden. Darüber hinaus sind die Spitzenrepräsentanten im Regelfall sehr lange im Amt und gewährleisten eine hohe Kontinuität in der Politik des jeweiligen Verbandes. Die Kooperation der Verbände wird heute wesentlich mitgetragen von einer positiven öffentlichen Meinung. Das mag auch daher kommen, daß das sogenannte Subsidiaritätsprinzip der österreichischen Mentalität sehr entgegenkommt. Die Sozialpartnerschaft funktioniert nicht zuletzt aber auch deshalb, weil sie den an ihr beteiligten Verbänden und der jeweiligen Regierung viele Erfolgserlebnisse gebracht hat und darüber hinaus auch ein Mittel zur Stärkung des inneren Verbandszwanges ist. Durch die Sozialpartnerschaft sind die einzelnen Verbände stärker und unbestrittener, als sie es etwa wären, wenn sie die Konfrontation zur Durchsetzung der jeweiligen Ziele suchen würde.

Die Kerneinrichtung der Sozialpartnerschaft ist die Paritätische Kommission für Preis- und Lohnfragen, die seit dem Jahre 1957 besteht. Diese Kommission besteht aus der sogenannten großen Paritätischen Kommission, die unter dem Vorsitz des Bundeskanzlers, der Beiziehung von drei weiteren Ministern und den Repräsentanten der Bundeskammer der gewerblichen Wirtschaft, der Präsidentenkonferenz der Landwirtschaftskammern Österreichs, des Österreichischen Arbeiterkammertages und des Österreichischen Gewerkschaftsbundes monatlich zusammentritt. Vierteljährlich soll diese Kommission unter Beibeziehung des Bundesministers für Finanzen, des Präsidenten der österreichischen Nationalbank und des Leiters des Wirtschaftsforschungsinstitutes als Wirtschaftspolitische Aussprache zusammentreten, im Verlauf derer die Wirtschaftspolitik der Regierung bzw. die Vorstellungen der Verbände erörtert werden. Die Kleinarbeit verrichten drei Unterausschüsse, der Preisunterausschuß, der Lohnunterausschuß und der Beirat für Wirtschafts- und Sozialfragen. Der Preisunterausschuß tagt wöchentlich und ist für die Behandlung von diversen Preiserhöhungsanträgen zuständig. Preiserhöhungen im industriell-gewerblichen Bereich in Österreich haben vor Inkraftsetzung der Paritätischen Kommission, besser dem Preisunterausschuß, zur Kenntnisnahme vorgelegt zu werden. Der Ausschuß prüft an Hand der Kostenkalkulationen die Notwendigkeit der jeweiligen Preiserhöhungen. Diesem Prüfungsverfahren unterliegen jedoch nicht die Produkte, welche importiert worden sind, Preise, die von demokratisch gewählten Einrichtungen festgesetzt werden (wie z.B. die Zigarettenpreise, die im Hauptausschuß des Nationalrates festgesetzt werden), die Handelsspannen und neue Produkte. Auch auf dem Dienstleistungssektor werden nur wenige typische Leistungen (Computerservice, Bewachungsdienste, Wäschereien) dieser Kontrolle unterworfen. Der Preisunterausschuß hat bisher über 1.580 Sitzungen abgehalten.

Dem Lohnunterausschuß, der unter dem wechselnden Vorsitz von Vertretern der Bundeskammer und des Österreichischen Gewerkschaftsbundes arbeitet, sind alle Lohnerhöhungswünsche durch den (zentralen) Österreichischen Gewerkschaftsbund vorzulegen. Im Lohnunterausschuß werden nicht die Lohnerhöhungen im einzelnen verhandelt, sondern nur die Zweckmäßigkeit des jeweils angestrebten Termins erörtert. Die Detailverhandlungen finden ohne formelle Lohnleitlinien statt. Im wesentlichen werden die Entwicklung der Produktivität und der Inflation (z. Z. die erwartete Inflation) zugrundegelegt. Indexvereinbarungen sind nicht erwünscht, da sie Inflationsmotoren sind. Vielmehr wird die Laufzeit der Verträge variiert: Bei höheren Inflationsraten kürzere, bei niedrigeren Inflationsraten längere Laufzeiten. Diese bewegen sich zwischen 12 und 18 Monaten.

Der Beirat für Wirtschafts- und Sozialfragen schließlich befaßt sich mit den jeweils aktuellen wirtschaftspolitischen Problemen und gibt Empfehlungen an die politischen Instanzen ab. Er besteht aus je 3 Mitgliedern der Sozialpartner und zieht Experten aus allen Bereichen des öffentlichen Lebens unentgeltlich zur Mitarbeit heran. Seine Studien haben großes politisches Gewicht. In der letzten Zeit wurden Studien und Empfehlungen zu folgenden Themen publiziert: Lösung von Zahlungsbilanzproblemen, mittelfristige Budgetvorschau, regionale Strukturpolitik, Arbeitszeitentwicklung und Arbeitszeitpolitik, Umweltpolitik, Ethanol als Vergasertreibstoff, Finanzmärkte, Problem der Ladenschlußregelung, Wachstumserfordernisse, (internationale) Entwicklungspolitik und Stellungnahme zum beabsichtigten EG-Beitritt (1988).

In allen Gremien der Sozialpartnerschaft gilt das Prinzip der Einstimmigkeit. Dies bedeutet, daß einfach immer so lange verhandelt werden muß, bis sich eine von allen akzeptierte Lösung findet.

Im Beirat für Wirtschafts- und Sozialfragen gibt es allerdings die Möglichkeit, abweichende Empfehlungen festzuhalten.

Der Einfluß der Sozialpartner geht weit über die Paritätische Kommission hinaus. Die Sozialpartner haben in folgenden Bereichen einen dominierenden Einfluß: Landwirtschaftliche Marktordnungen (Milchwirtschaftsfonds, Getreidewirtschaftsfonds, Weinwirtschaftsfonds, Vieh- und Fleischkommission), Wettbewerbsrecht (Kartellgesetz, Nahversorgungsgesetz), Betriebsverfassungsgesetz (die österreichischen Verbände haben neben der überbetrieblichen auch die betriebliche Mitbestimmung als notwendig und wichtig bewertet), im Arbeitsrecht, in der Selbstverwaltung der Sozialversicherung und nicht zuletzt in der Konsumentenschutzpolitik.

Verfolgt man die österreichische Innenpolitik des letzten Jahrzehnts, so stellt man fest, daß in einer Reihe von Fragen versucht wurde, diese mangels leichten politischen Konsens zwischen den Parteien den Sozialpartnern zu überantworten. Die österreichische Gesetzgebung hat darüber hinaus ein weiteres Instrument zur Einbindung der Sozialpartner in die täglichen Entscheidungen der Regierungsmitglieder entwickelt. Viele Gesetze sehen beim Vollzug die Einschaltung von Beiräten und Ausschüssen vor, in denen die Sozialpartner vertreten sind. Maßnahmen werden oft erst getroffen, wenn in den Beiräten etc. Einvernehmen erzielt worden ist.

Die Regierung hat nämlich erkannt, welchen Vorteil die Kooperation der Verbände für sie mit sich bringt. Letztlich bedeutet das, daß die Regierung in den heikelsten Dingen der modernen Wirtschaftspolitik, insbesondere in der Preis- und Einkommenspolitik, die Verantwortung weitgehend den Verbänden überläßt.

Mit preis- und einkommenspolitischen Fragen können in Österreich keine Wahlkämpfe bestritten werden. Die jahrzehntelange Kooperation der Verbände hat deren Selbstbewußtsein erheblich gestärkt. Es sei in diesem Zusammenhang ausdrücklich darauf hingewiesen, daß die Zusammenarbeit im Rahmen der Sozialpartnerschaft auf der Basis der Freiwilligkeit und Informellität erfolgt und daß sich die Sozialpartner bis jetzt immer gewehrt haben, daß diese Kooperation gesetzlich verankert und geregelt wird. Politologisch interessant ist, daß die Sozialpartnerschaft in Österreich auch die Funktion einer Art gegenseitigen Verbandsmachtkontrolle bedeutet und darüber hinaus ein nicht zu unterschätzendes Gegengewicht zu den Parteien darstellt.

Angesichts der schwieriger werdenden wirtschaftspolitischen Probleme, insbesondere im Bereich der öffentlichen Haushalte, der Strukturveränderung und der Umweltsanierung, aber auch angesichts der beachtlichen wirtschafts- und sozialpolitischen Erfolge Österreichs im internationalen Vergleich kann ohne Schwierigkeit prognostiziert werden, daß mangels einer praktikablen Alternative in Österreich die Sozialpartnerschaft weiterhin eine wichtige Rolle zu spielen hat. In einer Welt, die von sozialer Unrast und innenpolitischem Unfrieden in vielen Ländern gekennzeichnet ist, zeigt sich immer mehr, daß sozialer Friede und Streikarmut eine Art Kostenvorteil sind. Man kann sich auch nicht vorstellen, daß die Öffentlichkeit in diesem Land, oder welche Bundesregierung auch immer, bereit wäre, die Verbände aus ihrer gesamtwirtschaftlichen Verantwortung zu entlassen.

In Hinkunft werden sich allerdings die Schwerpunkte der Sozialpartnertätigkeit verändern müssen. Dem Trend zu mehr Markt und weniger Staat wird auch die Neuorientierung der Sozialpartnerschaft entsprechen müssen. Das Motto heißt: Weg von der Wirtschaftsverwaltung im traditionellen Sinn und hin zu einer aktiven und ideenreichen Zukunftsgestaltung. Das bedeutet aber nicht, daß sich die Sozialpartner auf das enge Feld der Verteilungs- und Sozialpolitik zurückziehen sollen. Es gilt vielmehr für neu auftretende Interessenkonflikte und neue Problemstellungen in Wirtschaft und Gesellschaft konsensfähige Lösungen anzubieten. Dies gilt insbesondere auf dem Gebiet des Umweltschutzes, in der Energie- und Verkehrspolitik, aber auch bei der so dringenden Reform unseres Systems der sozialen Sicherheit.

Persönliche Wertschätzung
Bruno Kreisky – Shephan Koren –
Otto Schulmeister

Abschied von Bruno Kreisky

Rede anläßlich des Staatsaktes

August 1990

Wir müssen heute von einem großen Österreicher Abschied nehmen, der an der Entwicklung unseres Landes zu einem freien, demokratischen und unabhängigen Staat großen Anteil hat. Bruno Kreisky wird als bedeutender Bundeskanzler so wie Leopold Figl und Julius Raab in der österreichischen Geschichte einen wichtigen Platz einnehmen. Er hat zum Wiederaufbau des Hauses Österreich nach dem Zweiten Weltkrieg maßgeblich beigetragen.

Dr. Bruno Kreisky hat in seinem ganzen politischen Wirken nicht Feindschaft und Gegnerschaft, sondern Partnerschaft und Zusammenarbeit gesucht.

Als Vertreter der Wirtschaft war ich mit seinen Ideen, Vorstellungen und politischen Ansichten nicht immer einverstanden. Besonders in der Wirtschaftspolitik hat es nicht selten große Differenzen gegeben. Wir hatten oft harte Gegensätze auszutragen. Niemals aber waren diese Gegensätze unüberwindlich. Bei aller gegenseitigen Kritik war Bruno Kreisky für seine politischen Gegner immer gesprächsbereit. Über allem war er in seinem Wesen und in seinen Handlungen immer ein überzeugter Österreicher.

In der Ära Kreisky, wie die 13jährige Zeit seiner Kanzlerschaft heute genannt wird, haben die Sozialpartner eine wichtige Rolle gespielt. Er hat es diesen Sozialpartnern sicher nicht leicht gemacht, sie aber immer als eine prägende Kraft in der österreichischen Politik anerkannt. Die Sozialpartner wurden von Bruno Kreisky in alle wichtigen Entscheidungen eingebunden. Er hat diese spezielle österreichische Art der Zusammenarbeit zwischen Arbeitgebern und Arbeitnehmern stets zur Kenntnis genommen und sie auch in seiner Politik eingesetzt. Niemals hat Bruno Kreisky in entscheidenden Fragen den Blick für die großen, gemeinsamen Anliegen der Österreicher verloren. Er war nach den Erlebnissen der Vorkriegs- und Kriegszeit wohl zutiefst davon überzeugt, daß der soziale Friede und die Wohlstandsmehrung für alle Österreicher unverzichtbare Werte in unserem Land sind.

Ich selbst habe mit Bruno Kreisky so manche harte Meinungsverschiedenheit auszutragen gehabt – es hat dabei aber niemals an der gegenseitigen Achtung und am Verständnis für die Anliegen des politisch anders Denkenden gefehlt. Unsere jahrelange Partnerschaft und Zusammenarbeit für die österreichische Wirtschaft im In- und auch im Ausland ist zu einer persönlichen Freundschaft geworden.

Als besonderes Verdienst von Bruno Kreisky empfinde ich seine erfolgreichen Bemühungen, Österreich in der Welt Ansehen und Anerkennung zu verschaffen. Er hat unermüdlich dafür gearbeitet, daß unserem Land international eine wichtige Rolle zukommt und daß Österreichs Leistungen bei unseren ausländischen Freunden und Partnern die gebührende Beachtung finden.

Dieses Anliegen von Bruno Kreisky ist auch der Wirtschaft in hohem Maße zugute gekommen. Österreichs politisches Ansehen in der Welt, zu dem Bruno Kreisky viel beigetragen hat, war und ist eine wichtige Basis für die Anerkennung und die internationalen Erfolge unserer wirtschaftlichen Leistungen. Diese Leistungen stehen heute angesichts der demokratischen Umgestaltung im Osten vor neuen Herausforderungen. Bruno Kreisky hat gemeinsam mit Julius Raab, Adolf Schärf und Leopold Figl 1955 den Weg Österreichs in die Freiheit geöffnet. Er durfte noch erleben, daß auch die Völker Osteuropas diesen Weg eingeschlagen haben. Die Österreicher nehmen heute mit tiefer Trauer von Bruno Kreisky Abschied. Wir haben sein politisches Wirken niemals kritiklos, aber stets mit großer Hochachtung betrachtet.

Das Lebenswerk von Bruno Kreisky ist ein wichtiges Fundament für unser Leben in Freiheit, Unabhängigkeit und Frieden. Dafür ist Österreich zu immerwährendem Dank verpflichtet.

Präsident Stephan Koren

Festschriftbeitrag

März 1989

Die österreichische Wirtschaft hat Stephan Koren viel zu verdanken. Er hat jahrzehntelang die Wirtschafts- und Finanzpolitik in unserem Land geprägt. Als Wissenschaftler, als Politiker, als Staatssekretär, Finanzminister und Notenbankpräsident ist es Stephan Koren gelungen, zahlreiche seiner Vorstellungen, Ideen und theoretischen Schlußfolgerungen in die Praxis umzusetzen.

Koren ist 1967 als Außenseiter in die Politik gekommen; er hatte zwar auf akademischem Boden schon einen guten Ruf, war aber in der Bevölkerung weitgehend unbekannt. Von Anfang an hat Stephan Koren durch bestechende Analysen und durch Problemlösungen auf sich aufmerksam gemacht, die in hohem Maß praxisnah, politisch durchsetzbar und dabei immer wissenschaftlich fundiert waren.

Sein besonderer Vorzug war es, daß er auch schwierige Zusammenhänge einfach, klar und präzise darstellen konnte. Damit gelang es ihm, viele Menschen von seinen Maßnahmen und Vorstellungen zu überzeugen. Die Originalität seiner Ideen ist dabei oft in den Hintergrund gerückt, weil er seine Politik immer als zwingend logisch und folgerichtig präsentieren konnte.

Mich hat mit Prof. Koren jahrzehntelang eine enge und herzliche Freundschaft verbunden. Die Probleme und

Übergabe des Lipizzanerhengstes an US-Präsident Ronald Reagan, 1982

Im Gespräch mit US-Vizepräsident George Bush, 1983

Bei der Einweihung der von der österreichischen Wirtschaft gespendeten Bronzetore der Vatikanischen Bibliothek durch Papst Johannes Paul II. (im Hintergrund Kardinal Alfons Stickler), April 1986

Treffen von Ost und West in der Loge des Bundeskammer-Präsidenten beim Opernball (US-Botschafterin Helene von Damm und UdSSR-Botschafter Jefremow), 1985

Entwicklungen der österreichischen Wirtschaft sind stets im Mittelpunkt seines Interesses gestanden. Prof. Koren hat über sein Wirken in Regierung und Parlament hinaus auch an der Politik der Handelskammerorganisation regen Anteil genommen. Wir haben oft miteinander über mögliche und notwendige wirtschaftspolitische Maßnahmen diskutiert, die zur Stärkung der Wirtschaft und zur Entfaltung der Unternehmen notwendig wären.

Mit der Interessenvertretung der Wirtschaft war Prof. Koren nicht erst seit seinem Eintritt in die Politik als Staatssekretär in ständigem Kontakt. Er hat schon als Wirtschaftsforscher und Universitätslehrer sehr engagiert an der wirtschaftspolitischen Diskussion teilgenommen. Auch in den Wirtschaftspolitischen Blättern hat Prof. Koren zahlreiche Aufsätze veröffentlicht. In seinen Beiträgen in den fünfziger und sechziger Jahren hat er vor allem die Struktur der österreichischen Wirtschaft und die Bedingungen für das Wirtschaftswachstum untersucht. Seine Aufsätze behandelten stets aktuelle Probleme der Wirtschafts- und Finanzpolitik. Unter dem Titel „Budgetkrise – Krise der Budgetpolitik" hat er die rasch wachsende Verschuldung des Staates angeprangert. Auch als Finanzminister hat er diese Linie konsequent fortgesetzt. Immerhin hat Finanzminister Koren in seiner Amtszeit mit einschneidenden Maßnahmen – ich erinnere an seinen „Paukenschlag" wegen eines drohenden Defizits von 16 Mrd. S – eine Budgetsanierung zustande gebracht.

Die Grundanliegen der Politik Stephan Korens – die er als Staatssekretär, als Finanzminister und als Notenbankpräsident in gleicher Weise vertreten hat – waren geordnete Staatsfinanzen, Sicherung des Wirtschaftswachstums, eine wettbewerbsfähige und investitionsfreudige Industrie, besonders eine gesunde Struktur in der Verstaatlichten Industrie und ein hohes Maß an Währungsstabilität. Koren hat die strukturellen Schwierigkeiten der Verstaatlichten Industrie schon erkannt, als die herrschende Meinung in ihnen nur konjunkturelle Probleme sah.

Die wissenschaftlichen Arbeiten Korens, die Strukturpolitik des Koren-Plans, seine Budgetpolitik und seine Hartwährungspolitik zeigen, daß Koren der Angebotstheorie und der Angebotspolitik näher stand, als er als Pragmatiker der Wirtschaftspolitik zugegeben hätte.

Koren hat seine wirtschaftspolitischen Überzeugungen auch immer in die Praxis umgesetzt: Der von ihm als Staatssekretär erarbeitete Koren-Plan brachte wichtige struktur- und wachstumspolitische Impulse für die österreichische Wirtschaft.

Sein wirtschaftspolitisches Konzept ist im „Koren-Plan" klar dokumentiert und hat heute noch beachtliche Aktualität.

So wurde im Koren-Plan der Grundstein für den Entwicklungs- und Erneuerungsfonds gelegt. Der EEF (heute Finanzierungsgarantiegesellschaft) sollte die Finanzierung von Innovationen und Strukturanpassungen der Betriebe erleichtern. Im Koren-Plan wurden auch die Grundzüge für das spätere Strukturverbesserungsgesetz, für die steuerliche Investitionsförderung (Wachstumsgesetze) und für die aktive Arbeitsmarktpolitik (Arbeitsmarktförderungsgesetz) erarbeitet. Koren hatte also schon 1968 erkannt, daß für Innovationen, mehr Mobilität und Strukturverbesserungen wirtschaftspolitische Impulse gesetzt werden müssen, weil dies die wichtigsten Wachstumsvoraussetzungen sind.

Besondere Bedeutung hat er stets der Beseitigung von Mobilitätshindernissen zugemessen. „Hauptaufgabe der Wachstums- und Strukturpolitik ist es, jene Hemmnisse zu beseitigen, die eine rasche Anpassung der österreichischen Wirtschaft an die Dynamik der Märkte verhindern" (Koren-Plan). Dieses Anliegen ist auch heute noch, 20 Jahre später unter dem Titel Deregulierung ein wirtschaftspolitischer Schwerpunkt erster Ordnung. Als Finanzminister konnte Stephan Koren die wesentlichen Punkte des Koren-Plans verwirklichen. Er hat das Budget auch durch Ausgabenkürzungen, nicht nur durch gezielte Einnahmenerhöhungen saniert und der nachfolgenden Regierung einen geordneten Staatshaushalt hinterlassen. Seine Politik hat damals der Wirtschaft starke Auftriebskräfte verliehen, so daß für viele Jahre ein beachtliches Wachstum bei hoher Beschäftigung möglich war.

Als Klubobmann der ÖVP mußte er erleben, daß seine ständigen Mahnungen, geordnete Staatsfinanzen zu erhalten, in den Wind geschlagen wurden. Seine wiederholten düsteren Prophezeiungen, daß die Budgetdefizite durch den Versuch, alle entstehenden Probleme mit immer höheren Staatsschulden zu lösen, ins Uferlose steigen werden, haben sich leider bewahrheitet, allerdings in einem Ausmaß, das damals unvorstellbar war. Koren hat auch vorhergesagt, daß die durch die sorglose Schuldenpolitik einmal unausweichlich werdende Sanierung der Staatsfinanzen von der gesamten Bevölkerung schmerzhafte Opfer erzwingen werde. Koren wurde mit seinen berühmten Kassandra-Rufen auch von den politischen Gegnern durchaus ernst genommen. Es hat aber letztlich bei der damaligen Regierung keine politische Bereitschaft gegeben, von der bei den Sozialisten herrschenden Doktrin des „Austro-Keynesianismus" abzurücken. Die gegenwärtige Regierung hat nun die undankbare Aufgabe, die Folgen der überzogenen Schuldenpolitik wieder Schritt für Schritt zu korrigieren. Seine allgemeine Anerkennung, seine Autorität in finanz- und währungspolitischen Fragen und seine persönliche Integrität waren dafür maßgebend, daß Stephan Koren 1978 zum Präsidenten der Oesterreichischen Nationalbank berufen wurde. Als Präsident der Notenbank hat Prof. Koren eine konsequente Hartwährungspolitik verfolgt. Für ihn bedeutete die Bindung des Wechselkurses des österreichischen Schillings an die DM vor allem eine Erwartungsstabilisierung für den österreichischen Außenhandel mit den wichtigsten Handelspartnern und ebenso für den Fremdenverkehr. Auch als Notenbankpräsident ist Prof. Koren seiner Auffassung treu geblieben, daß steigende Budgetdefizite für die Wirtschaftsentwicklung und den Wohlstand der Bevölkerung eine große Gefahr darstellen. Diese feste Haltung ist auch in seiner Geld- und Kreditpolitik zum Ausdruck gekommen.

In dieser Position kam es Österreich besonders zugute, daß Stephan Koren im Laufe seiner wissenschaftlichen und politischen Arbeit ein hohes internationales Ansehen gewonnen hat. Ihm ist es zu danken, daß das Vertrauen in den harten Schilling weltweit zur Selbstverständlichkeit geworden ist.

Konsequenz, Kompetenz, Verbindlichkeit, Mut und Weitblick haben die Tätigkeit Stephan Korens bis an sein Lebensende geprägt. Mit seinem Lebenswerk als Politiker, Notenbankpräsident und Wissenschaftler hat sich Stephan Koren in die vorderste Reihe der großen Persönlichkeiten der 2. Republik gestellt.

Mit Stephan Koren hat Österreich einen exzellenten Mann von großem internationalen Renommee verloren. Ich bedaure den Verlust eines Freundes, mit dem ich über Jahrzehnte hinweg in enger persönlicher und familiärer Freundschaft verbunden war.

Otto Schulmeister

Zur Verabschiedung von Dr. Otto Schulmeister als Herausgeber der Tageszeitung „Die Presse"

28. September 1989

Wir sind heute hier zusammengekommen, um uns von Otto Schulmeister als Herausgeber der „Presse" zu verabschieden. Dr. Otto Schulmeister hat die Funktion des Herausgebers seit 1976 wahrgenommen. Er hat in dieser Zeit viel dazu beigetragen, die Position der „Presse" als führendes bürgerliches Blatt in der österreichischen Medienlandschaft zu festigen. Die Geschicke dieser Zeitung hat er freilich schon viel länger maßgebend mitbestimmt.

Otto Schulmeister gehört der Redaktion seit 1946, also mehr als 40 Jahre an und hat von 1961 bis 1976 die Linie des Blattes als Chefredakteur entscheidend geprägt.

Es gibt wenige Menschen in unserem Land, die so eng mit der Geschichte, der Kultur, der Politik und auch mit der Wirtschaft Österreichs verbunden sind wie er.

Als Präsident der Bundeskammer habe ich stets enge Kontakte mit Otto Schulmeister gepflegt und mich immer bemüht, diese Zeitung als österreichische Notwendigkeit zu fördern und zu erhalten. Es war freilich nicht immer leicht, mit Otto Schulmeister zu verhandeln, zu diskutieren und gemeinsam zu arbeiten. Er ist ein schwieriger Mensch. Schwierig deshalb, weil er sehr ausgeprägte Meinungen, sehr eigenwillige Ansich-

76

ten und sehr eigenständige Ideen vertritt – und daran auch mit seiner ganzen Persönlichkeit festhält. Aber ich möchte betonen, daß alle Menschen, die so starke Überzeugungen haben und sich so vehement dafür einsetzen, gute, große Menschen sind.

Wir sind Dr. Schulmeister aus vielen Gründen zu Dank verpflichtet. Er hat das österreichische Zeitungswesen und die Bildung der öffentlichen Meinung jahrzehntelang mitgestaltet. Er hat die Presse zur führenden Zeitung Österreichs und zu einem international anerkannten Blatt gemacht. Seine Artikel und seine Diskussionen haben immer den Kern der Probleme erfaßt und neue Aspekte eröffnet. Für mich ist Dr. Otto Schulmeister „Die Presse". Ich hoffe, Otto Schulmeister wird auch weiterhin am Geschehen der Presse regen Anteil nehmen und wünsche ihm noch viele Jahre aktiven Schaffens.

Besondere Anliegen
Junge Wirtschaft – Frauen und
Wirtschaft – Auslandsösterreicher –
Gewerbeverein

Zum 10jährigen Bestehen der „Jungen Wirtschaft"

Begrüßungsansprache zur Eröffnung der zweiten Tagung der „Jungen Wirtschaft" in Linz

4. November 1968

Die „Junge Wirtschaft" Österreichs hält hier in Linz ihre zweite gesamtösterreichische Tagung ab und feiert zugleich in diesem Jahr ihr 10jähriges Bestehen. Ich möchte dieses Jubiläum zum Anlaß nehmen, auf die Ziele der „Jungen Wirtschaft" zu verweisen.

Die „Junge Wirtschaft" ist eine freiwillige, formlose Vereinigung aufgeschlossener, junger und künftiger Unternehmer. Sie ist überparteilich und steht über den Brancheninteressen, sie ist weder eine nach dem Handelsgesetz errichtete Körperschaft noch ein Verein, hat weder Satzungen, noch hebt sie Mitgliedsbeiträge ein und unterliegt nicht dem Vereinsgesetz.

In der „Jungen Wirtschaft" können junge Unternehmer mitarbeiten, aber auch junge Angehörige von Unternehmern ohne Rücksicht darauf, ob sie einen Betrieb ganz oder teilweise führen oder zur Leitung von Betrieben bestimmt sind. Dies gilt auch für Personen, die als Gesellschafter, Geschäftsführer, Direktoren oder an anderer leitender Stelle in der gewerblichen Wirtschaft tätig sind. Es bedarf wohl keiner näheren Erläuterung, daß das Wohl der gewerblichen Wirtschaft in hohem Maße von der Heranbildung eines berufstüchtigen und mit den

Problemen der modernen Wirtschaft und Gesellschaft vertrauten unternehmerischen Nachwuchses abhängt. Gerade dies ist aber das wichtigste Ziel der „Jungen Wirtschaft"; sie will zur Förderung eines tüchtigen und verantwortungsbewußten Unternehmernachwuchses den jungen Unternehmern Gelegenheit geben, durch Informationen und Diskussionen ihren Weitblick zu schärfen. Sie will die Unternehmerinitiative stärken, die jungen Unternehmer zu einer staats- und gesellschaftspolitischen Verantwortung hinführen und die Solidarität der Unternehmer festigen.

Hauptaufgabe der „Jungen Wirtschaft" ist es, Leitbilder ökonomischer und gesellschaftlicher Art zu diskutieren, weil die Wirtschaft die wichtigste gesellschaftsordnende Kraft ist und das Zukunftsbild unseres Landes sehr wesentlich von der Haltung des Unternehmers bestimmt wird.

Die Freiheit ist unteilbar; deshalb schließt sie auch die Entscheidungsfreiheit des Unternehmers, insbesondere die Freiheit der Investitionsentscheidung mit ein. Dirigismus und Kollektivismus widersprechen nicht nur dem freien Unternehmertum, sondern der Freiheit des Staatsbürgers überhaupt. Gerade der aktive Unternehmer ist aber der beste Garant der sozialen Marktwirtschaft und damit der demokratischen Freiheit unseres Staates.

Für die „Junge Wirtschaft" ergibt sich auch ein überaus wichtiges Betätigungsfeld, um die Wettbewerbsgesinnung der Wirtschaft und vor allem die Wettbewerbsgesinnung der jungen und künftigen Unternehmer zu stärken.

Die österreichischen Unternehmer müssen befähigt werden, sich auf die Schwierigkeiten der nächsten Jahrzehnte einzustellen, die durch verschärften Konkurrenzkampf, steigenden Kostendruck, Arbeitskräfteknappheit, wachsenden Kapitalbedarf und durch neue Entwicklungen in der Wirtschaftspolitik und in der Technik gekennzeichnet werden. Gerade für dieses Ziel sollen die typischen Eigenschaften echten Unternehmertums gepflegt und gefördert werden: Initiative, Dynamik, Wagemut, Anpassungsfähigkeit und weltoffener Weitblick.

Die Steigerung der Wettbewerbsfähigkeit der österreichischen Wirtschaft ist nicht denkbar ohne Leistungssteigerung auf allen Gebieten. Ich darf auf die Probleme verweisen, in deren Mittelpunkt das Verhältnis Österreichs zu den großen europäischen Märkten der EWG und EFTA steht.

Ich glaube, daß die Politik der EWG-konformen kleinen Schritte und die laufende Verbesserung unserer Konkurrenzfähigkeit als Vorbereitung für diesen größeren Markt der richtige Weg ist.

Diesem Ziel dienen auch die zum Teil schon verwirklichten oder kurz vor ihrer Realisierung stehenden Vorschläge im Koren-Plan, die dazu beitragen sollen, den notwendigen Strukturänderungsprozeß der österreichischen Wirtschaft zu beschleunigen. Wir werden den erhöhten Anforderungen eines größeren Marktes nur dann gerecht werden können, wenn wir das Wachstum unserer Wirtschaft erheblich vergrößern.

Die Maßnahmen des Koren-Planes kommen keineswegs nur, oder auch nur überwiegend, der Industrie zugute. Im Gegenteil bietet der Koren-Plan die Möglichkeit, Maßnahmen der Industriepolitik mit solchen der Mittelstandspolitik zu vereinen und damit Wachstumsimpulse sowohl im Bereich der industriellen als auch der gewerblichen Produktion zu setzen.

Wir müssen uns bei der Bestimmung der Frage des Verhältnisses von Industriepolitik und Mittelstandspolitik freilich auch der Tatsache bewußt sein, daß in den letzten Jahren ein nicht ungefährlicher Rückgang der Industrieinvestitionen in Österreich gegeben war, der zu einer Abschwächung des gesamtwirtschaftlichen Wachstums in den sechziger Jahren gegenüber den fünfziger Jahren entscheidend beigetragen hat.

Das Wachstum der Industrie beeinflußt sehr wesentlich das der übrigen Wirtschaft, vor allem durch die vielfältigen Verbindungen und Kooperationen, die zwischen den Industrieunternehmungen und den mittelständischen Gewerbebetrieben bestehen.

Wenn daher der Koren-Plan einen gewissen Schwerpunkt in die Förderung der industriellen Investitionen setzt, leistet er damit auch einen Beitrag zur Förderung der mittelständischen Wirtschaft.

Ich darf in dem Zusammenhang darauf hinweisen, daß gerade das im Vorjahr in Linz gegründete Mittelstandsinstitut in die Arbeiten um die Erstellung eines umfassenden mittelstandspolitischen Konzeptes eingeschaltet wurde und möchte gerade hier in Linz der Hoffnung Ausdruck geben, daß es uns in allernächster Zeit gelingt, zu einer noch umfassenderen Förderung der mittelständischen Wirtschaft zu kommen, wobei diese Zielsetzung nicht gegen die bisherigen industriepolitischen Maßnahmen gerichtet ist, sondern ein harmonisches Nebeneinander bestehen soll.

Die Wirtschaftspolitik allein kann allerdings zur Beschleunigung des Strukturanpassungsprozesses nicht ausreichen. Österreich braucht in immer stärkerem Maße phantasievolle und mutige Unternehmer, die die Fähigkeit besitzen, umzudenken, die weltoffen sind und nicht danach trachten, fertige Rezepte einzukaufen, sondern sich bemühen, neue Ideen zu entwickeln und diese in wirtschaftliche Realität umzusetzen. Es genügt schon lange nicht mehr und wird in Zukunft noch viel weniger gcnügcn, mit der ausländischen Entwicklung nur Schritt zu halten. In dem ungeheuren, weltweiten Umstellungsprozeß wird von uns ein ständiges Weiterentwickeln in soziologischer, wirtschaftspolitischer und technischer Hinsicht verlangt.

Wir müssen ganz bewußt erkennen, daß nicht alles, was besteht, auch wert ist, erhalten zu werden, sondern nur das, was echte Zukunftschancen hat. Gerade die Fähigkeit aber, über den eigenen Lebensabschnitt hinauszudenken und zu disponieren, also schöpferisch aktiv zu werden, ist die vornehmste Eigenschaft des echten Unternehmers und verleiht dem wirtschaftlichen Wachstum die wichtigsten Auftriebskräfte.

Das notwendige Umdenken sowohl in der Wirtschaftspolitik als auch in den Unternehmungen, das im Interesse der Leistungssteigerung notwendig ist, kommt auch in der gegenwärtig in Ausarbeitung befindlichen Gewerbeordnung zum Ausdruck. Sie hat den Abbau gewerberechtlicher Hindernisse zum Ziel, die einer rationellen Zusammenarbeit der mittelständischen Betriebe im Wege stehen. Sie soll den Zutritt zum Markt erleichtern und vor allem eine „Öffnung nach innen" bewirken. Die Schranken zwischen den einzelnen Berufen innerhalb der gewerblichen Wirtschaft sollen aufgelockert werden, um die Betriebe in die Lage zu versetzen, sich den ständig ändernden Anforderungen des Marktes anzupassen.

Die Gewerberechtsreform soll aber dazu beitragen, diese Anpassungsfähigkeit und Leistungsfähigkeit der

Betriebe zu erhöhen, ohne Wettbewerbsverzerrungen zu schaffen. Die Öffnung nach innen, das Fallenlassen von zwischenberuflichen Ausschließlichkeiten muß daher streng nach dem Prinzip der Gegenseitigkeit erfolgen.

Die unumstrittene Notwendigkeit, das wirtschaftliche Wachstum zu beschleunigen, verpflichtet die Wirtschaftspolitik zu wachstumsfördernden Maßnahmen; sie verpflichtet aber auch alle in der Wirtschaft Tätigen, an der Realisierung dieses Zieles mitzuarbeiten.

Österreich braucht eine starke, leistungsfähige und dynamische Wirtschaft, die all das schaffen muß, was der Gemeinschaft zur Verfügung gestellt werden soll. Neben der Leistung des Unternehmers im Betrieb ist es auch seine Aufgabe, in der Öffentlichkeit die Erfordernisse einer vernünftigen Wirtschaftspolitik klarzumachen. Denn nur in einem wirtschaftspolitisch aufgeklärten Klima wird es möglich sein, unerläßliche Maßnahmen zu realisieren, auch wenn sie für den einzelnen mit Härten verbunden sind.

Zugleich ist es unser Anliegen, der Öffentlichkeit immer wieder unter Beweis zu stellen, daß es für unser Land keine bessere Wirtschaftsordnung gibt als die der sozialen Marktwirtschaft, in deren Mittelpunkt der freie Unternehmer steht. Sie, meine jungen Freunde, haben durch Ihre Teilnahme an der Tagung der „Jungen Wirtschaft" bekundet, daß Sie gewillt sind, als freie Unternehmer im Rahmen einer freien Wirtschaftsordnung sich auf schwierige künftige Aufgaben vorzubereiten.

Mit Frankreichs Staatspräsident François Mitterand beim Empfang des Bundespräsidenten, Juni 1982

Audienz beim spanischen König Juan Carlos, Madrid, 4. 6. 1984

Bei Bundeskanzler Dr. Helmut Kohl in Bonn, 11. 12. 1986

Entgegennahme des durch den japanischen Kaiser Hirohito verliehenen Ordens „1. Klasse des Heiligen Schatzes", Tokio, Sept. 1983

Frau in der Wirtschaft

Vortrag in Imst

24. September 1982

Ich freue mich, daß ich Gelegenheit habe, im Kreise von Unternehmerinnen wirtschaftspolitische Probleme zu erörtern. Ich hoffe, daß ich Ihre Erwartungen nicht enttäusche.

Ich möchte Ihnen nämlich nicht sagen, wie groß die Leistungen der Frauen, vor allem der Unternehmerinnen, in der Wirtschaft sind. Ihre jahrzehntelange Tätigkeit an der Spitze von Betrieben, die großen Erfolge, die Sie, meine Damen, in allen Bereichen der Wirtschaft erzielen, nötigt den meisten Ihrer männlichen Konkurrenten größte Bewunderung ab. Unsere Unternehmerinnen haben glücklicherweise gelernt, selbstbewußt und mutig an ihre Arbeit heranzugehen. Sie wissen selbst genau, was sie können und was sie wert sind.

Ich möchte Ihnen heute auch nicht bestätigen, daß Sie Ihre Tätigkeit als Unternehmerinnen sehr häufig unter viel schwierigeren Bedingungen ausüben, als viele ihrer männlichen Kollegen. Beruf, Haushalt, Kinder und Familie stellen eine Doppelbelastung dar, die Sie selbst am besten kennen und tagtäglich meistern müssen. Schließlich möchte ich Ihnen nicht sagen, daß es leider immer noch Vorurteile gegen berufstätige Frauen und insbesondere gegen Unternehmerinnen gibt; durch Ihre großen Leistungen sind Sie auf dem besten Weg, mit diesen Vorurteilen gründlich aufzuräumen.

Ich will heute vielmehr in aller Deutlichkeit feststellen, daß die Probleme, mit denen die Frauen in der Wirtschaft als selbständige Unternehmerinnen, als mittätige Familienmitglieder und als unselbständig Erwerbstätige konfrontiert werden, nicht nur die Frauen selbst betreffen, sondern uns alle. Eine moderne Industriegesellschaft wäre ohne die Mitarbeit der Frauen nicht mehr denkbar. Sie sind längst im Wirtschaftsprozeß voll integriert; es ist allerdings nicht zu leugnen, daß sie in manchen Bereichen immer wieder Nachteile gegenüber ihren männlichen Kollegen in Kauf nehmen müssen.

Unsere Aufgabe als Vertreter der Wirtschaft ist es, die Vorurteile, die da und dort hinsichtlich der Leistungsfähigkeit der Frau im Wirtschaftsprozeß immer noch bestehen, endlich aus der Welt zu schaffen.

Diese Aufgabe verlangt nicht nur Verständnis bei Ihren männlichen Kollegen, sie verlangt auch von Ihnen vollen persönlichen Einsatz weit über Ihre Tätigkeit in den Betrieben hinaus. Sie verlangt Ihren engagierten Einsatz in der Öffentlichkeit, in den Standesvertretungen und in der Politik.

Wir haben – und das war ganz bewußt mein Konzept – in der Handelskammerorganisation seit den letzten Kammerwahlen mehr weibliche Funktionäre. Die Frau in der Wirtschaft ist auch in der Politik viel stärker als früher in Erscheinung getreten. Es wird Ihnen, meine Damen, sicher nicht entgangen sein, daß die hier anwesende Abgeordnete Ingrid Tichy-Schreder im Parlament überaus tüchtig „ihre Frau" – beinahe hätte ich gesagt „ihren Mann" – steht. Diese Arbeit geht nicht immer reibungslos vor sich. Wir Abgeordneten vom Wirtschaftsbund haben es oft gar nicht leicht, uns gegen Meinungen und Absichten von Frau Tichy durchzusetzen, wenn sie sich erst einmal etwas in den Kopf gesetzt hat. Und ich verrate auch kein Geheimnis, wenn ich sage, daß sie mit ihren Ideen meistens durchkommt. Dies vor allem deshalb, weil sie nicht locker läßt, für ihre Anliegen gute Argumente ins Treffen zu führen und uns schließlich zu überzeugen.

Die wachsende Aufgeschlossenheit unserer Gesellschaft gegenüber selbständigen Frauen zeigt sich auch darin, daß die Vereinigung „Frau in der Wirtschaft" zunehmend an Bedeutung gewinnt. Ein solcher Prozeß bedingt ein wechselseitiges Engagement. Wir müssen uns bemühen, initiativen und mutigen Frauen in Wirtschaft und Politik bessere Chancen einzuräumen.

Sie, meine Damen, dürfen nicht aufhören, sich neben Ihrem Beruf und neben Ihren Familienpflichten in verstärktem Maße um Gemeinschaftsaufgaben und um die politische Arbeit anzunehmen, so schwer das manchmal auch sein mag.

Trotz aller Erfolge, die die Frauen in der Wirtschaft in den letzten Jahren auf vielen Gebieten erzielt haben, kann das – wie ich meine – erst der Anfang sein.

Unser gemeinsames Ziel muß es sein, gleiche Startbedingungen, gleiche Entwicklungsmöglichkeiten und gleiche Chancen für Männer und Frauen zu schaffen. Ausschlaggebend für den Erfolg in der Wirtschaft und in der Politik sollten ausschließlich die persönlichen Fähigkeiten, die Begabung, die Kreativität und der Wille zur Leistung sein. Wir können einfach nicht darauf verzichten, das Leistungspotential unserer Frauen für den wirtschaftlichen und gesellschaftlichen Fortschritt zu nützen. Man sollte allerdings nicht übersehen, daß die Begabungen von Frauen und Männern oft sehr unterschiedlich ausgeprägt sind. Ich glaube, daß es für alle in der

Wirtschaft Tätigen von größtem Vorteil ist, wenn spezifische Talente richtig eingesetzt werden, weil sie nur so am besten genützt werden können. Um nur wenige Beispiele zu nennen: Frauen haben oft bei der Personalführung das bessere Einfühlungsvermögen. Sie entwickeln bei vielen Tätigkeiten mehr Geschicklichkeit; sie sind nicht selten mit größerer Beharrlichkeit und Zähigkeit ausgestattet als viele Männer und sie erweisen sich in Verhandlungen als besonders diplomatisch und ausgleichend. Alle diese Eigenschaften können im Wirtschaftsleben und auch in der Politik von großer Bedeutung sein.

Die Frauen spielen in der Wirtschaft und vor allem im mittelständischen Bereich der Wirtschaft eine überaus wichtige Rolle. In der Handelskammerorganisation gibt es rund 68.000 weibliche Kammermitglieder; dies entspricht einem Anteil von einem Drittel aller Kammermitglieder. Die Zahl der weiblichen Selbständigen und der mithelfenden Familienangehörigen zusammen beträgt insgesamt rund 250.000; das ist ein Fünftel aller weiblichen Berufstätigen.

Im Gegensatz zu früher sind Frauen heute praktisch in allen Sparten der Wirtschaft tätig. Sie bewähren sich als Manager in Großbetrieben, als Unternehmerinnen in allen Branchen, selbst in hochtechnischen Bereichen und als Fachkräfte in der gesamten Wirtschaft.

Besonders stark engagiert sind Frauen als Unternehmer und Partner in den mittelständischen Betrieben. Ich glaube, die kleinen und mittleren Betriebe haben sich nicht zuletzt deshalb als besonders krisenfest erwiesen, weil die meisten von ihnen auf die unermüdliche Mitarbeit und das unternehmerische Engagement der Frauen zählen können.

Die Unternehmer haben auf die weltweite Wachstumsschwäche mit verstärkten Anstrengungen reagiert. Von der Politik kann man leider nicht behaupten, daß sie bereit ist, in dieser Situation in allem die richtigen Konsequenzen zu ziehen. Ich habe wiederholt und unmißverständlich gesagt, daß die Wirtschaft in dieser Situation keinen Forderungen zustimmen kann, die die Wettbewerbsfähigkeit unserer Unternehmen weiter verschlechtern. Daß die Wirtschaft nicht unsozial ist, hat sie immer wieder bewiesen.

Sicherheit für den Bestand leistungsfähiger Unternehmen und für dauerhafte Arbeitsplätze wird nicht durch staatliche Ausgaben gewährleistet, sondern nur durch mehr Qualität. Das gilt für die Leistungen der Unternehmer ebenso wie für die Leistungen ihrer Mitarbeiter.

Sie, meine Damen, haben an den Leistungen unserer Wirtschaft wesentlichen Anteil. Sie haben daher auch ein Recht darauf, daß Ihre Probleme anerkannt werden und daß Sie an deren Lösung stärker mitwirken können.

Es wird für unser Land nur von Vorteil sein, wenn die Frau als Unternehmer und Partner in der Wirtschaft noch stärkere Beachtung als bisher findet.

Die Entwicklung der österreichischen Wirtschaft seit 1955

Vortrag beim Auslandsösterreicher-Symposium
14. Mai 1980

Ich freue mich aus ganzem Herzen, daß so viele Auslands-Österreicher in diesen Tagen in ihre Heimat gekommen sind, um mit uns das 25jährige Jubiläum des Staatsvertrages zu feiern. Viele von Ihnen haben die Entwicklung unseres Landes in den ersten Nachkriegsjahren selbst miterlebt; viele waren aber in dieser Zeit ihrer Heimat fern und haben sicher mit großem Interesse, aber auch mit großer Sorge unsere Bemühungen um Freiheit und Wiederaufbau verfolgt. Heute können wir gemeinsam stolz auf die Leistungen, auf die wirtschaftliche Stärke und auf die kulturelle und demokratische Entwicklung unseres Landes sein.

Von Anfang an waren die Österreicher von einem starken Selbstbewußtsein beherrscht, daß sie es zuwege bringen würden, ihr Land wieder lebensfähig, selbständig und politisch frei zu machen. Heute wissen wir, wie berechtigt dieses Selbstbewußtsein war. Die Basis für den erfolgreichen Wiederaufbau war der Fleiß der österreichischen Bevölkerung und die großzügige materielle und finanzielle Hilfe, die uns durch internationale Organisationen, vor allem von seiten der USA, gewährt wurde. Angefangen von den CARE-Paketen für die hungernde Bevölkerung bis zu Investitionsmitteln für die Wirtschaft aus Marshall-Plan und ERP-Hilfe konnten wir dankbar Unterstützungen entgegennehmen.

Ich möchte aber auch sagen, daß wir diese Starthilfen gut genützt und die finanziellen Mittel erfolgreich angelegt haben. Der geistige Wegbereiter für diesen Erfolg war vor allem Julius Raab. Er hat sowohl die wirtschaftliche als auch die politische Entwicklung maßgebend beeinflußt. Julius Raab hat immer das klare Ziel verfolgt, daß Österreich die volle Souveränität, Unabhängigkeit und Freiheit wiedererlangen muß. Er war überzeugt davon, daß eine starke, konkurrenzfähige Wirtschaft eine der wesentlichen Voraussetzungen zur Erreichung dieses Zieles ist.

Die Krönung seines Lebenswerkes war der Abschluß des Staatsvertrages im Mai 1955.

Für die wirtschaftliche Entwicklung unseres Landes hat der Staatsvertrag viele Hemmnisse beseitigt und neue Chancen gebracht. Dies gilt insbesondere für die östlichen Bundesländer, die viel stärker unter den Lasten der Besatzungszeit zu leiden hatten und denen wenig Spielraum zur wirtschaftlichen Entfaltung gewährt wurde. Durch den Wegfall der Demarkationslinien konnte endlich auch die volle innerösterreichische Integration – sowohl wirtschaftlich als auch politisch – erreicht werden.

Mitte der fünfziger Jahre ist auch die wirtschaftspolitische Bedeutung der Verbände stark gewachsen. Sie waren bestrebt, gemeinsam an einem konsistenten wirtschaftspolitischen Konzept, das stark auf Wachstum, Einkommenssteigerung und den Ausbau der sozialen Sicherheit ausgerichtet war, mitzuwirken. Dieses Konzept sollte den durch die Nachkriegswirtschaft bedingten Dirigismus durch eine Wirtschaftspolitik ersetzen, die der marktwirtschaftlichen Ordnung mehr Raum gibt und gesamtwirtschaftliche Zusammenhänge berücksichtigt. Damals ist es gelungen, wichtige wirtschaftspolitische Fragen außer Streit zu stellen und sachlichen Argumenten Vorrang einzuräumen. Die freiwillige Zusammenarbeit der Interessensverbände im Rahmen der Sozialpartnerschaft hat sich allmählich zu einem Instrument entwickelt, das wichtige Bereiche der Wirtschafts- und Sozialpolitik maßgeblich beeinflußt hat.

Der Erfolg der Sozialpartnerschaft lag ohne Zweifel darin, daß hohe Einkommenssteigerungen für die gesamte Bevölkerung erreicht wurde, Konflikte weitgehend vermieden und der soziale Friede dauerhaft gesichert werden konnte. Dieses günstige Klima hat hohe Zuwachsraten in der Produktion und einen kräftigen Aufschwung im Fremdenverkehr ermöglicht.

Beim Aufbau unserer Handelsbeziehungen, bei der Auffindung neuer Märkte und bei der Umstrukturierung unserer Exporte hat die Außenhandelsorganisation der Bundeswirtschaftskammer wertvolle Hilfe geleistet. Bereits 1946 gab es 4 Außenhandelsstellen, und zwar in Paris, in Zürich, in Prag und in Stockholm. Das Außenhandelsstellennetz wurde rasch ausgebaut und hat bald alle Teile der Welt erfaßt, West- und Osteuropa ebenso wie alle anderen Kontinente. Heute gibt es 84 Außenhandelsstellen, davon 52 in Übersee.

In diesen Jahren erlebte Österreich, ähnlich wie praktisch alle westlichen Industrieländer, den längsten Konjunkturaufschwung der Nachkriegszeit. Es war von einer starken Ausweitung der Exporte und einer überaus hohen privaten Investitionstätigkeit getragen. Von Jahr zu Jahr besuchten mehr ausländische Gäste Österreich, so daß die Deviseneinnahmen aus diesem Wirtschaftszweig eine wesentliche Bedeutung für unsere Zahlungsbilanz erlangten.

Die Rezession, die Europa 1974/75 verzeichnet hat, machte auch vor Österreich nicht halt. 1975 ist das Bruttonationalprodukt Österreichs nach jahrelangem Wachstum um 2% gesunken. Unsere bis dahin ausgeglichene Leistungsbilanz kam Mitte der siebziger Jahre ins Schwanken. Die stetig steigenden Einnahmen aus dem Fremdenverkehr, die bisher die negative Handelsbilanz mehr als ausgeglichen hatten, reichten nicht mehr aus, die Importüberhänge zu kompensieren.

Die Vollbeschäftigung, die seit vielen Jahren zur Selbstverständlichkeit geworden war, wurde plötzlich zum wichtigen wirtschaftspolitischen Problem.

Mitte der siebziger Jahre traten unterschiedliche Auffassungen zwischen Regierung und Wirtschaft über den Kurs in der Wirtschafts- und Finanzpolitik deutlich zutage. Die Regierung war der Auffassung, daß die Konjunkturschwäche durch die Erhöhung staatlicher Ausgaben zu bekämpfen ist. In der Wirtschaft hat die Meinung vorgeherrscht, daß durch Investitionsanreize und steuerliche Entlastungen die Wettbewerbsfähigkeit der Betriebe verbessert werden sollte und damit die Investitionstätigkeit angekurbelt und eine Exportoffensive in die Wege geleitet werden könnte.

Die wirtschaftlichen Schwierigkeiten haben auch zur Diskussion über die Funktionsfähigkeit unserer marktwirtschaftlichen Ordnung geführt. Zum ersten Mal in der Zweiten Republik ist das System der Sozialen

Marktwirtschaft von Regierungsvertretern in Frage gestellt worden. Als Interessensvertretung der Wirtschaft sind wir – im Gegensatz dazu – der Auffassung, daß die Soziale Marktwirtschaft nicht nur die Grundlage für unseren bisherigen wirtschaftlichen Aufschwung war, sondern auch das einzige System ist, in dem auch in Zukunft Wohlstand in Freiheit verwirklicht werden kann. Wir glauben, daß nur die freie Entfaltung des Unternehmers, die freie Berufs- und Arbeitsplatzwahl, der liberale Güteraustausch im In- und Ausland und die Anerkennung der Leistung menschlichen, wirtschaftlichen und sozialen Fortschritt bringen können.

Gerade Wirtschaftswissenschafter aus Österreich, die in unserem Land und in vielen anderen Staaten große Anerkennung finden und Weltruf genießen, haben an der Konzeption eines freien Wirtschafts- und Gesellschaftssystems großen Anteil. Es wäre bedauerlich, wenn gerade in Österreich ihre Ideen und Vorstellungen nicht mehr Geltung haben sollten.

Wir leben in einer Zeit, die von zunehmenden politischen Spannungen und wirtschaftlichen Unsicherheiten geprägt ist. Auch als kleines neutrales Land bleiben wir nicht unberührt von den weltpolitischen Ereignissen und müssen klare Standpunkte beziehen.

Wenn unser kleines Land auch den internationalen Einflüssen nicht entgehen kann, so dürfen wir es niemals aufgeben, unsere Zukunft selbst zu gestalten. Meiner Überzeugung nach werden die kommenden Probleme der Energieversorgung, der Rohstoffsicherung, der Erhaltung lebenswerter Umweltbedingungen und der Wohlstandsmehrung nur zu bewältigen sein, wenn wir bewußt darauf hinarbeiten, daß möglichst viele Menschen an den Problemlösungen mitwirken. Das ist aber nur in einer freien Wirtschafts- und Gesellschaftsordnung möglich. Nur wenn viele Unternehmer wirtschaftliche Entfaltungschancen haben, wenn allen Erwerbstätigen Leistungsanreize geboten werden, gibt es einen Ideenwettbewerb, Initiativen und neue Lösungsansätze. Wir wollen auch Sie als Auslandsösterreicher, die in allen Teilen der Welt und in vielen verschiedenen Berufen und Positionen wirken, in unsere Zukunft miteinbeziehen. Als Präsident der Bundeskammer weiß ich, wie wertvoll Kontakte in der Welt für uns sind. Wir können uns gar nicht leisten, ihr großes Potential ungenützt zu lassen. Wir wollen aber auch dazu beitragen, daß sie stolz auf ihre Heimat sein können und wollen es ihnen erleichtern, ihre Bindungen zu Österreich zu vertiefen.

150 Jahre Österreichischer Gewerbeverein

Grußadresse beim Festakt

4. Mai 1990

Ich möchte dem Österreichischen Gewerbeverein herzlich zu seinem 150jährigen Bestehen gratulieren. Es ist meines Erachtens besonders verdienstvoll, daß der Gewerbeverein sein Gründungsjubiläum für ein sehr interessantes, in die Zukunft weisendes Wissenschaftssymposium genützt hat. Die Stärke dieser Institution war es schon immer, zukunftsweisend zu handeln und die Entwicklung durch neue Ideen und Vorschläge zu beeinflussen.

Eine dieser Ideen des Österreichischen Gewerbevereines war die Gründung der Wiener Handelskammer im Jahr 1849. Damit wurde der entscheidende Schritt zur Entstehung der gesetzlichen Interessenvertretung der Unternehmer in ganz Österreich gesetzt.

Die Handelskammerorganisation hat die Anliegen und Auffassungen des Österreichischen Gewerbevereins voll und ganz übernommen und bis zum heutigen Tage in eine moderne Unternehmer- und vor allem Mittelstandspolitik umgesetzt.

Die Handelskammerorganisation hat aber auch das selbständige Wirken des Gewerbevereins stets mit großem Interesse verfolgt und seine Initiativen tatkräftig unterstützt.

Das gilt vor allem für unser gemeinsames Eintreten für

die freie Unternehmerschaft, für die marktwirtschaftliche Ordnung und für die Belange der mittelständischen Wirtschaft.

Als unseren wichtigsten Erfolg sehe ich es an, daß die großen Leistungen der mittelständischen Unternehmer heute allgemein und von allen politischen Gruppierungen anerkannt werden. Auch die gesellschaftspolitische Position und der hohe Stellenwert des freien Unternehmers in der Wirtschaft ist nunmehr unbestritten. Das war noch vor einem Jahrzehnt durchaus nicht selbstverständlich. Wir mußten die berechtigten Anliegen der kleinen und mittleren Betriebe oft mit aller Energie und gegen härtesten politischen Widerstand durchsetzen.

Nun ist es inzwischen in der westlichen und in der östlichen Welt klar geworden, daß Eigentum, Privatinitiative, Innovationsbereitschaft und Wettbewerb die unerläßlichen Voraussetzungen für eine dynamische Wirtschaft sind.

Der heutige Festvortrag „Mit Privatinitiative ins dritte Jahrtausend" stellt meines Erachtens das richtige Motto dar, die Arbeit des Österreichischen Gewerbevereins und der Handelskammerorganisation für die Zukunft zu charakterisieren.

Ich wünsche dem Österreichischen Gewerbeverein weiterhin ein erfolgreiches Wirken für die österreichische Wirtschaft.

Umweltbewußte Marktwirtschaft

Tourismus und Umweltpolitik

Rede zum Fremdenverkehrstag in Innsbruck

9. November 1973

Es wäre mir viel lieber, wenn ich heute der österreichischen Fremdenverkehrswirtschaft zu neuen Rekordergebnissen gratulieren könnte. Statt dessen mußten wir heuer im Fremdenverkehr erstmals eine gewisse Stagnation registrieren, ja sogar zum Teil Rückgänge in Kauf nehmen. Die Entwicklung im Jahre 1973 hat deutlich gezeigt, daß die Grenzen der Belastbarkeit der österreichischen Fremdenverkehrswirtschaft offensichtlich erreicht sind. Die Schillingaufwertung, die Einführung der Mehrwertsteuer, die enorm hohe Getränkesteuer, der Lohnkostenauftrieb in diesem so personalintensiven Wirtschaftszweig, der anhaltende Arbeitskräftemangel, die allgemeinen Preissteigerungen und die Kreditrestriktionen bringen Belastungen mit sich, die von den Unternehmungen im Fremdenverkehr einfach nicht alle zugleich verkraftet werden konnten. Die mageren Ergebnisse des heurigen Jahres zeigen dies deutlich genug. Ich bin der Meinung, daß die Wirtschaftspolitik an den diesjährigen Fremdenverkehrsergebnissen nicht vorübergehen darf. Es ist höchste Zeit, daß ein Umdenken Platz greift. Noch so gut gemeinte Ratschläge, daß die Zukunftschancen des österreichischen Fremdenverkehrs in einem qualitativ hochstehenden Angebot liegen, sind für die Unternehmen illusorisch, wenn auf

Grund der Kosten- und Preisentwicklung und der Steuerbelastung die Leistungen für den Gast zu teuer werden.

Daraus allerdings den Schluß zu ziehen, daß sich nun die Fremdenverkehrsbetriebe auf billigen Massentourismus umstellen sollten, wäre grundfalsch. Die Ausrichtung unserer Betriebe auf ein anspruchsvolles Publikum ist nach wie vor das richtige Konzept. Die Schönheit unserer Landschaft, unser wirtschaftlicher Entwicklungsstandard, die österreichische Kultur und Mentalität sprechen eindeutig dafür. Die Entwicklung in der Steuerpolitik, die Beschleunigung des Kostenauftriebs, die Überbeschäftigungspolitik der Regierung und der Mangel an Finanzierungsmitteln infolge der drückenden Kreditrestriktionen, die sich vor allem im klein- und mittelbetrieblichen Bereich auswirken, haben aber die Konkurrenzfähigkeit der österreichischen Fremdenverkehrswirtschaft entscheidend beeinträchtigt.

Eine solche Politik gegen den Fremdenverkehr treibt einen österreichischen Wirtschaftszweig, der großes internationales Ansehen besitzt und wirklich große Zukunftschancen hätte, in eine Richtung, die sich niemand wünschen kann. Es ist – wie ich meine – wohl nicht erstrebenswert, daß bei uns längerfristig Gäste dominieren, die in billigen Privatzimmern oder in Zelten übernachten, die ihre Tagesausgaben auf ein Minimum beschränken oder die möglichst billige Massenarrangements bevorzugen. Vor einer solchen Entwicklung habe ich immer wieder gewarnt.

In dieser Sicht ist es auch bedenklich, daß zwar die Bettenkapazität – und das vorwiegend durch eine Zunahme von Privatzimmern – immer stärker ausgeweitet wird, der kulinarische Standard aber vielfach zurückbleibt. Anspruchsvollere Gäste sind auf die Dauer nicht zu halten, wenn der Platz an einem Mittagstisch zum Problem wird, wenn sie die Abendstunden statt in gepflegter, gemütlicher Restaurantatmosphäre in trostlosen Selbstbedienungslokalen verbringen sollen.

Wir müssen alle Anstrengungen unternehmen, den Qualitätsstandard unserer Fremdenverkehrswirtschaft zu erhalten und zu verbessern. Diese Forderung richtet sich in erster Linie an die staatliche Wirtschaftspolitik, aber auch an die Unternehmer in der Fremdenverkehrswirtschaft. Wenn die staatliche Wirtschaftspolitik Maßnahmen setzt und Entwicklungen zuläßt, die den Qualitätsanforderungen entgegenwirken, wird es allerdings den Unternehmern kaum möglich sein, hinsichtlich Qualität und Preis konkurrenzfähig zu bleiben.

Eine weitere Frage, die längerfristig für den Fremdenverkehr größte Bedeutung hat, ist die Raumplanung und der Umweltschutz. Nur wenn es gelingt, echte Erholungsgebiete zu erhalten und die Charakteristika der typischen österreichischen Fremdenverkehrsgegenden zu bewahren, wird es auf die Dauer auch möglich sein, daß der Fremdenverkehr ein wesentlicher Faktor unserer Wirtschaft bleibt. Man kann von niemandem erwarten, in verpesteter Luft, an verschmutzten Gewässern und in lärmerfüllten Orten Erholung zu suchen. Die österreichische Landschaft wird niemanden mehr anlocken, wenn sie durch stilwidrige Bauwerke verschandelt und durch den Verkehr, durch die Verhüttelung und durch falsch geplante Industrialisierung ihrer natürlichen Schönheit beraubt wird.

Das heißt nicht, daß Österreich ein einziger Naturpark werden soll. Eine vernünftige Raumplanung und eine wirksame Regionalpolitik müßten jedoch dafür sorgen, daß alle Wirtschaftszweige, Industrie, Gewerbe und Handel, aber auch der Fremdenverkehr jene Bedingungen vorfinden, die sie für ihre weitere Entwicklung brauchen. Die Kammerorganisation hat diesen Problemen längst ihr Augenmerk zugewendet und auch auf regionaler Ebene zahlreiche Vorschläge erstattet.

Auch mit den Fragen des Umweltschutzes beschäftigt sich die Bundeskammer bereits seit einigen Jahren intensiv. Wir haben auch ein Finanzierungskonzept für die Umweltschutzpolitik entwickelt. Dieses Konzept geht grundsätzlich vom Verursacherprinzip aus. Öffentliche Finanzierungshilfen sollen vor allem für eine gewisse Übergangszeit zur Beseitigung bereits entstandener Umweltschäden gewährt werden. Dies gilt insbesondere dort, wo international solche öffentliche Hilfen vorgesehen sind, weil die alleinige Anwendung des Verursacherprinzips in diesen Bereichen die Konkurrenzfähigkeit der österreichischen Wirtschaft beeinträchtigen würde. Ein Schwerpunkt der öffentlich finanzierten Umweltpolitik wird vor allem bei der Infrastrukturpolitik gesetzt werden müssen.

Die Wirtschaft wird sich vehement dafür einsetzen, daß die Umweltpolitik nach klaren Kriterien, wie Verursacherprinzip, internationale Maßstäbe und Konkurrenzfähigkeit gegenüber dem Ausland, ausgerichtet wird. Sie darf nicht im Wege selektiver strukturpolitischer Maßnahmen zu einer Verstärkung des Dirigismus führen.

Ich hoffe, daß es uns in gemeinsamen Bemühungen gelingen wird, wirksame Maßnahmen durchzusetzen, um der österreichischen Fremdenverkehrswirtschaft die Konkurrenzfähigkeit zu erhalten und eine gedeihliche Entwicklung in der Zukunft zu sichern.

Dornbirner Messe

Ansprache anläßlich der Eröffnung

26. Juli 1986

Die 38. Dornbirner Messe setzt auch heuer wieder die gute Tradition dieser Veranstaltung seit ihrer Gründung fort. Ich begrüße es, daß die Veranstalter jedes Jahr einen neuen Schwerpunkt setzen, der höchst aktuell ist. Dadurch gelingt es auch, nicht nur die großen Leistungen unserer Unternehmen aufzuzeigen, sondern auch die Problemlösungskapazität der Wirtschaft für die Erfordernisse der Zukunft darzustellen. Im heurigen Jahr wurde auf der Dornbirner Messe der Schwerpunkt „Gesunder Lebensraum – gesunder Mensch" gewählt.

Für die Wirtschaft ist der gesunde Mensch und die gesunde Umwelt von größter Bedeutung. Wir haben dem Umweltschutz und der Umwelterhaltung schon von jeher viel Beachtung geschenkt. Umweltschutz ist für uns aber kein Selbstzweck. Wir wollen, daß sich die Menschen in ihren Betrieben, bei der Arbeit, in ihrem Privatleben, in der Freizeit und allem voran in unserem Land wohlfühlen. Zufriedene Menschen, die am Betriebsgeschehen Anteil nehmen und leistungswillig sind, machen unsere Wirtschaft stark und wettbewerbsfähig. Das ist aber die beste Garantie dafür, daß sich der Einzelne etwas leisten kann, und daß mehr Lebensqualität verwirklicht wird.

Die Umwelterhaltung bringt auch für die Wirtschaft

viele Chancen. Es gibt schon zahlreiche Firmen, die sich auf Umwelttechnologien spezialisiert haben. Für den Fremdenverkehr ist die Erhaltung der gesunden, natürlichen Umwelt eine wichtige Voraussetzung. Besonders wichtig ist es, auf Umweltbelastungen rasch reagieren zu können. In diesem Bereich wird es, wie auf vielen anderen Gebieten, in Zukunft noch stärker auf mehr Beweglichkeit in Politik und Wirtschaft ankommen. Ein wirksamer Umweltschutz erfordert nicht mehr Staat, sondern mehr Markt und mehr private Initiativen. Probleme werden dann rasch bewältigt werden können, wenn die Wirtschaft möglichst ungehindert arbeiten kann und möglichst wenig durch gesetzliche, bürokratische und finanzielle Fesseln eingeengt wird.

Trotz der guten Konjunkturlage in den letzten Jahren sind in unserem Land einige schwerwiegende Probleme ungelöst. Daher ist die längerfristige Entwicklung in Österreich keineswegs gesichert, selbst wenn die internationale Konjunktur anhalten sollte.

Die leider immer noch steigende Arbeitslosigkeit ist nicht zuletzt auf die schon seit Jahren bestehende Strukturkrise in der Verstaatlichten Industrie zurückzuführen. Daher sollte es ein Hauptanliegen der Regierung sein, in diesem Sektor wirksame Strukturmaßnahmen zu setzen. Immer neue Steuermilliarden und ein ständiges Hinausschieben der notwendigen Sanierungsschritte können nicht dazu beitragen, die Verstaatlichte Industrie wieder ertragreich und konkurrenzfähig zu machen. Die Sanierung der Verstaatlichten Industrie ist nicht nur aus arbeitsmarktpolitischen Gründen vordringlich. Ordnung in diesem Bereich ist auch für die gesamte private Wirtschaft und nicht zuletzt für die kleinen und mittleren Betriebe unumgänglich notwendig.

Schließlich sind es die gewinnbringenden privaten Betriebe, die mit ihrer Steuerleistung den Zuschußbedarf der Verstaatlichten Industrie in hohem Maße finanzieren müssen.

Unsere Betriebe unternehmen größte Anstrengungen, sich auf Auslandsmärkten zu behaupten und im In- und Ausland konkurrenzfähig zu sein. Dazu bedarf es ständiger Innovationen und Investitionen, neuer Ideen, neuer Produkte und neuer Märkte. Die hohe Steuerbelastung erschwert in vielen Betrieben die Finanzierung solcher Vorhaben ganz erheblich. Deshalb fordert die Wirtschaft schon seit Jahren eine steuerliche Entlastung der Betriebe. Das wird aber erst dann möglich sein, wenn der Staatshaushalt wieder in Ordnung gebracht wird. Ohne äußerste Sparsamkeit, ohne Einschränkung von Bürokratie und Verwaltung und ohne spürbare Opfer in manchen Bereichen wird es nicht gehen.

Nur wenn die Staatsfinanzen wieder in Ordnung sind, wird auch wieder ein leistungs- und innovationsfreundliches Klima entstehen. Das braucht die Wirtschaft aber, um neue Arbeitsplätze zu schaffen und vor allem der Jugend bessere Chancen zu bieten.

Dieser Weg ist nicht leicht. Er erfordert Verständnis für wirtschaftliche Notwendigkeiten, Zurückhalten bei neuen Forderungen und auch eine gewisse Opferbereitschaft. Ich glaube, daß der Weg in eine solide wirtschaftliche Zukunft nur auf der Basis einer breiten Zusammenarbeit möglich ist.

Wir haben unser Ansehen in der Welt mit Leistung, hochwertigen Produkten, politischem Sachverstand und Weltoffenheit errungen. Dieses Image dürfen wir unter keinen Umständen gefährden. Ich bin optimistisch, daß die österreichische Wirtschaft, daß unsere Unternehmer und ihre Mitarbeiter auch in Hinkunft gute Arbeit leisten und im In- und Ausland erfolgreich bestehen können.

Ich wünsche allen Teilnehmern und Besuchern der 38. Dornbirner Messe viele neue Anregungen und viel Erfolg.

Tourismus-Forum 1990

Ansprache in Mayrhofen

29. März 1990

Ich freue mich, daß auch heuer wieder das nun schon zur langjährigen Tradition gewordene Tourismus-Forum in Mayrhofen mit so zahlreicher und prominenter Beteiligung abgehalten wird. Ich selbst habe dieser Veranstaltung von Anfang an große Bedeutung zugemessen und bin sehr froh darüber, daß das jährliche Tourismusseminar so gut eingeschlagen hat.

Hier findet die so wichtige Kommunikation zwischen Wissenschaftern, Politikern, Fremdenverkehrsexperten, Werbefachleuten und Unternehmern sehr intensiv und abseits von der Routine der Tagesarbeit statt.

Vom Tourismus-Forum sind schon viele Impulse für die Fremdenverkehrspolitik und viele neue Ideen für die Gestaltung und das Angebot der Fremdenverkehrswirtschaft ausgegangen. Hier konnten auch schwierige Probleme des Tourismus sehr eindrucksvoll aufgezeigt werden.

Für mich war die Entwicklung des Tourismus und unserer Fremdenverkehrsbetriebe immer ein ganz besonders wichtiges Anliegen. Der Fremdenverkehr ist in unserem Land ein wesentlicher Bereich der gesamten Wirtschaft und hat auch ganz entscheidend zu den guten Wirtschaftsergebnissen und zum steigenden Wohlstand beigetragen. Er ist ein wichtiger Devisenbringer und steht in der Beschäftigung und Ausbildung an vorderster Stelle. Die Tourismusbranche hat auch erhebliche positive Auswirkungen auf viele andere Wirtschaftszweige.

Besonders betonen möchte ich, daß die österreichische Fremdenverkehrswirtschaft eine Visitenkarte für die gesamte Wirtschaft und unser ganzes Land nach außen ist. Im Fremdenverkehr zeigen wir unseren Gästen aus aller Welt die Besonderheiten, die Leistungsfähigkeit, die Schönheit und die Lebensart in Österreich. Ich halte es daher auch für sehr wichtig, daß diese Visitenkarte im Ausland professionell und attraktiv präsentiert wird. Unsere Fremdenverkehrswerbung, deren Arbeit von der Handelskammerorganisation intensiv unterstützt wird, macht dies ganz ausgezeichnet.

Das Tourismus-Forum in Mayrhofen hat sicher auch dazu beigetragen, daß in Österreich schon sehr früh die Weichen in Richtung Qualitätsfremdenverkehr gestellt worden sind. Man hat bei uns bald erkannt, daß die Zukunft unserer Fremdenverkehrswirtschaft nicht im Massentourismus, sondern in der Erfüllung gehobener Ansprüche der Gäste liegt.

Unser Land, die Mentalität unserer Bevölkerung und die Ausbildungsmöglichkeiten bieten ja auch beste Voraussetzungen für einen qualitativ hochstehenden Tourismus. Die Vielfalt und Schönheit der Landschaft, die traditionsreiche Kultur, die Aufgeschlossenheit der Menschen und die unternehmerische Initiative haben hier eine leistungs- und wettbewerbsfähige Fremdenverkehrswirtschaft eigener Prägung entstehen lassen, auf die wir alle stolz sind.

Dazu gehört es freilich, daß ständig neue Ideen verwirklicht werden, daß Investitionen und Innovationen durchgeführt und finanziert werden können. Qualitätstourismus – darüber gibt es keinen Zweifel – ist eine teure und mühsame Angelegenheit.

Die Bundeswirtschaftskammer hat sich immer und mit aller Kraft dafür eingesetzt, daß die Erfordernisse unserer Fremdenverkehrsbetriebe in der Wirtschafts-, Finanzierungs- und Steuerpolitik ausreichend berücksichtigt werden. Einiges ist uns davon in den letzten Jahren gelungen, einige wichtige Forderungen sind allerdings noch offen.

Ich glaube, daß die österreichische Fremdenverkehrswirtschaft große Zukunftsaussichten hat. Auch die Entwicklung in Europa, vom europäischen Binnenmarkt bis zur Öffnung nach Osten, wird neue Aufgaben und neue Chancen für den Tourismus bringen. Besonders der Osttourismus, der schon heuer sehr stark einsetzt, wird unsere Betriebe vor Probleme stellen, die sie aber sicher in bewährter Weise meistern können. Eines muß uns allerdings klar sein: Für uns liegt die Zukunft nach wie vor nicht in der Quantität, sondern in der Qualität.

Die natürlichen Grenzen der Umwelt werden immer deutlicher. Das Kapital, das wir in unserer Natur- und Kulturlandschaft, in unseren Bergen, Wäldern und Seen besitzen, ist nicht beliebig vermehrbar. Wir müssen daher mit unseren naturgegebenen Grundlagen äußerst schonend umgehen. Wohin es führt, wenn diese Grundlagen verantwortungslos ausgebeutet werden, hat sich erst in der jüngsten Zeit im Mittelmeerraum erschreckend erwiesen. Ich glaube, daß in Österreich noch rechtzeitig ein sehr starkes Umweltbewußtsein entstanden ist und hoffe, daß sich der Wille zur Erhaltung unserer Natur auch wirklich durchsetzt. Für uns ist die gesunde Umwelt nicht nur wichtig für die

Lebensqualität, sondern auch ein unschätzbarer Vorteil im Wettbewerb.

Wirtschafts- und Budgetpolitik

Wirtschaftspolitik – Konzept und Realität

Rede vor Vorarlberger Wirtschaftstreibenden

17. November 1968

Ich freue mich, daß Sie mir Gelegenheit geben, mit Ihnen hier in Vorarlberg über Fragen der österreichischen Wirtschaftspolitik zu sprechen. So unterschiedlich die wirtschaftlichen Probleme – bedingt durch spezifische räumliche Gegebenheiten – in den einzelnen Bundesländern auch sein mögen, so haben wir als österreichische Unternehmer doch ein großes gemeinsames Ziel vor Augen: die Zukunft unseres Landes zu sichern, das wirtschaftliche Wachstum zu vergrößern und damit die wichtigste Basis für ein freies und glückliches Leben aller Österreicher zu schaffen. Ob wir dieses Ziel erreichen können, wird allerdings sehr weitgehend davon abhängen, daß es gelingt, unseren Betrieben wirtschaftsgerechte Arbeitsbedingungen zur Verfügung zu stellen. Erfreulicherweise hat sich der Stil der österreichischen Wirtschaftspolitik in der letzten Zeit grundlegend gewandelt. Endlich wurde der von der Kammerorganisation immer wieder vorgetragenen Anregung, von punktuellen und unkoordinierten Maßnahmen abzugehen und einem koordinierten wirtschaftspolitischen Konzept gemäß zu handeln, Rechnung getragen. In dem von der Bundesregierung akzeptierten Koren-Plan, an dessen Zustandekommen auch die Wirtschaft mitgewirkt hat, wurde eine Reihe von Maßnahmen vorgeschlagen, die dazu dienen sollen, den notwendigen Strukturumwandlungsprozeß in der Wirtschaft zu beschleunigen. Wenn wir heute mit Genugtuung feststellen können, daß sich die österreichische Konjunktur wieder deutlich belebt, daß die Industrieproduktion wieder stärker ansteigt und die Fremdenverkehrswirtschaft überdurchschnittlich hohe Wachstumsraten erzielen kann, so darf diese günstige Entwicklung dennoch nicht darüber hinwegtäuschen, daß die österreichische Wirtschaft nach wie vor mit Strukturschwächen behaftet ist.

Im Koren-Plan sind, wie ich meine, eine Reihe von Maßnahmen enthalten, die einen wichtigen Beitrag dazu leisten könnten, den österreichischen Betrieben in vieler Hinsicht eine bessere Ausgangsposition als bisher zu verschaffen.

Die erwähnten Maßnahmen sind zum Teil schon realisiert, zum Teil steht ihre Verwirklichung bevor. Im einzelnen handelt es sich dabei um ein Strukturverbesserungsgesetz, das bewirken soll, die Umgliederung österreichischer Unternehmungen, die Änderung ihrer Rechtsreform und die Durchführung von Konzentrationen abgabenmäßig zu entlasten oder solche Vorgänge überhaupt erst zu ermöglichen. Mit dieser Maßnahme wird die Notwendigkeit berücksichtigt, daß sich die Betriebe in rechtlicher, technischer und kaufmännischer Hinsicht laufend den sich dynamisch ändernden wirtschaftlichen Bedingungen anpassen müssen.

Zu den Maßnahmen des Koren-Plans gehört auch die Schaffung eines Entwicklungs- und Erneuerungsfonds, der ein Instrument der Haftungsübernahme für aussichtsreiche Investitionen ist, die bisher deshalb nicht finanziert werden konnten, weil das erforderliche Risikokapital gefehlt hat. In langwierigen Verhandlungen wurde erreicht, daß auch für den österreichischen Fremdenverkehr eine dem EE-Fonds analoge Einrichtung zur Förderung von Investitionen geschaffen wird.

Um auch Klein- und Mittelbetrieben Kredite im Rahmen von Garantieeinrichtungen zu ermöglichen, sollen in allen Bundesländern, in denen noch keine Bürgschaftsfonds bestehen, Kreditgarantiegemeinschaften errichtet werden.

Dem gleichen Ziele, nämlich die Investitionstätigkeit zu steigern und den technischen Fortschritt zu beschleunigen, soll der Ausbau der Investitionskredit AG., die Errichtung einer Kapitalbeteiligungsgesellschaft und einer Patentverwertungsgesellschaft dienen.

In der klaren Erkenntnis, daß der Strukturumwandlungsprozeß nicht allein durch forcierte Investitionen, sondern auch durch die Schaffung eines besseren Wettbewerbsklimas vorangetrieben werden muß, wird bei der Reform der Gewerbeordnung darauf Bedacht genommen werden, alle vohandenen Leistungsreserven der österreichischen Wirtschaft zu mobilisieren.

Die Maßnahmen des Koren-Plans zeigen in aller Deutlichkeit, daß sie nicht auf einige wenige Großbetriebe ausgerichtet sind. Die Begriffe Industriepolitik und Mittelstandspolitik stellen keine Gegensätze dar, sondern sind miteinander untrennbar verbunden. Ein wichtiges Merkmal für diese Verbundenheit ist auch die Tatsache, daß industrielle und gewerbliche Betriebe sich nicht in erster Linie konkurrenzieren, sondern ergänzen. Immerhin ist die Industrie ein bedeutender Auftraggeber für spezialisierte Zuliefer-Betriebe und in vielen Gebieten eine wichtige Basis für das Florieren kleiner und kleinster Dienstleistungsbetriebe.

Enttäuscht werden allerdings jene sein, die unter dem Begriff „Mittelstandspolitik" solche Maßnahmen subsumieren, die auf die Erhaltung veralteter Strukturen ausgerichtet sind. Alle jene, die glauben, Änderungen müssen verhindert und längst überholte Traditionen müssen konserviert werden, können aber in Zukunft kaum damit rechnen, dem Stand des freien und dynamischen Unternehmers hinzugezählt zu werden.

Ich bin der Meinung, daß ich mit dieser Feststellung bei Ihnen in Vorarlberg an offene Türen klopfe, denn gerade die Wirtschaft Ihres Bundeslandes ist ein ideales Beispiel für die zweckmäßige Verflechtung kleiner, mittlerer und großer Unternehmungen.

Den Vorarlberger Unternehmern kommt es tagtäglich ganz besonders zu Bewußtsein, wie unbefriedigend die österreichische Situation in bezug auf den großen Wirtschaftsraum der EWG ist, denn die EWG-Staaten sind mit 35% Exportanteil Hauptabnehmer der Vorarlberger Industrieerzeugnisse. Wir können eine Regelung des Verhältnisses Österreichs zur EWG nicht erzwingen. Dennoch werden wir aber nicht resignieren, sondern unsere Bemühungen noch verstärken, die Exportbedingungen Österreichs in die EWG jenen unserer Konkurrenten in diesem Wirtschaftsraum anzugleichen.

Wenn wir darauf abzielen, die wirtschaftlichen Wachstumsraten unseres Landes im ausreichenden Ausmaß zu erhöhen, wird es unumgänglich sein, alle vorhandenen Leistungsreserven zu nützen und insgesamt größere Leistungen zu vollbringen als bisher. Dies wird wohl zum Teil durch eine verstärkte Rationalisierung und erhöhte Investitionen erreicht werden können, zum Teil aber auch durch die bestmögliche Ausschöpfung des zur Verfügung stehenden Arbeitskräftepotentials. Keinesfalls wird das an sich in allen Kreisen unserer Bevölkerung umstrittene Ziel eines raschen Wirtschaftswachstums erreicht werden, wenn wir im nächsten Zeitraum weniger statt mehr arbeiten. Freilich wird mit zunehmendem technischen Fortschritt allmählich eine Verringerung der Arbeitszeit möglich sein. Der Beirat für Wirtschafts- und Sozialfragen wurde beauftragt, die Auswirkungen und Möglichkeiten einer Arbeitszeitverkürzung sorgfältig zu prüfen. Schon jetzt ist aber klar, daß eine Verkürzung der Arbeitszeit nur dann vorgenommen werden kann, wenn ein wirtschaftlich vernünftiger Stufenplan eingehalten wird, der es ermöglicht, zuerst den Prozeß des wirtschaftlichen Wachstums zu beschleunigen und die Ertragskraft der Betriebe zu steigern und dann erst vorhandene höhere Erträge zu verteilen; wenn es gewünscht wird, auch in Form einer Herabsetzung der Arbeitszeit.

Ich bin der Meinung, daß wir in weiten Kreisen der Arbeitnehmer auf Verständnis und Aufgeschlossenheit stoßen. Wir wollen hoffen, daß es uns mit Hilfe der Initiativen der Bundesregierung in allen Bereichen der Wirtschaftspolitik gelingen wird, die Grundlagen für eine gedeihliche und krisenfeste Entwicklung der österreichischen Wirtschaft zu schaffen. Ich hoffe aber auch, daß unsere Bemühungen Erfolg haben werden, in Österreich insgesamt jenes günstige Wirtschaftsklima herbeizuführen, das bei Ihnen in Vorarlberg in vorbildlicher Weise herrscht.

Gerade in diesen Tagen, in denen überall in Österreich anläßlich des 50. Gründungstages der Republik Worte der Besinnung gefunden werden, wird es uns besonders deutlich, wie wichtig der soziale Friede und das Vertrauen der Bevölkerung in die Leistungsfähigkeit unserer Wirtschaft ist. Wenn Arbeitnehmer und Arbeitgeber die gemeinsamen Probleme unseres Landes gemeinsam lösen, dann werden wir in Zukunft nie wieder der Gefahr ausgesetzt sein, daß parteipolitische Kämpfe die Existenz unserer Demokratie bedrohen. Österreich hat im Verlaufe des halben Jahrhunderts viel Leid und Not, schwere Schicksalsschläge und harte Aufbauarbeit auf sich nehmen müssen.

In den schwersten Tagen haben wir gelernt, daß die positiven Kräfte unseres Volkes dann am besten wirken können, wenn Gemeinsames vor Trennendes gestellt wird und Sonderwünsche nicht vor das Interesse der Allgemeinheit gestellt werden. In der täglich neuen Verwirklichung dieses Prinzips liegt auch unsere große politische Aufgabe. Zweifellos bestehen in unserem Land politische Gegensätze und unterschiedliche politische Auffassungen.

Ich glaube aber, daß wir dazu bereit und in der Lage sind, in Form der fairen geistigen Auseinandersetzung das demokratische Leben in Österreich so weiter zu entwickeln, wie es den modernen Anforderungen unserer Zeit entspricht. Wenn wir uns stets darum bemühen, die bestmögliche Leistung zu erbringen, mit unseren Argumenten zu überzeugen und auch den Auffassungen anders Gesinnter Raum zu geben, dann werden wir in Österreich einer Zukunft entgegensehen, in der die Wirtschaft floriert und die Freiheit unangetastet bleibt.

Zum Budget 1980 – Kapitel Handel

Rede im Österreichischen Nationalrat

19. Dezember 1979

In der diesjährigen Budgetdebatte zum Bundesvoranschlag für 1980 ist immer wieder betont worden, daß eine Sanierung der prekären Bundesfinanzen nicht mehr länger aufgeschoben werden darf. Diese Feststellung hat sich nicht nur bei den Rednern der Oppositionspartei, sondern auch bei vielen Rednern der Regierungspartei wie ein roter Faden durchgezogen. Die Regierung selbst, allen voran der Finanzminister, hat erklärt, daß mit diesem Budget eine Sanierungsphase eingeleitet werden soll. Der Finanzminister hat bei seinem Sanierungskurs erstmalig einige Vorstellungen aufgegriffen, die im Budgetkonzept der österreichischen Volkspartei längst dargelegt worden sind. Er hat für 1980 ein Budget vorgelegt, in dem Ausgabensteigerungen geringer sind als die voraussichtliche Zuwachsrate des Bruttoinlandsprodukts und auch geringer als der geschätzte Einnahmenzuwachs. Es ist zu hoffen, daß diesmal die Ausgabenansätze auch wirklich eingehalten und nicht, wie in den letzten Jahren, wieder erheblich überschritten werden.

Die Regierungspartei hat offenbar endlich eingesehen – was wir schon lange gesagt haben –, daß die steigenden Defizite schließlich zu großen Schwierigkeiten führen. Die rapid wachsende Staatsverschuldung hat zur Folge, daß die Belastungen der Bevölkerung und

125

insbesondere der Wirtschaft unerträglich werden und daß sich die Budgetstruktur ständig verschlechtert.

Der Anteil der Ausgaben für den Personalaufwand, vor allem aber für den Schuldendienst nimmt ständig zu, während die produktiven Ausgaben für Investitionen und Wirtschaftsförderung seit Jahren sinken.

Die Budgetstruktur hat sich also in den letzten Jahren ständig verschlechtert; für produktive Ausgaben ist der Spielraum immer geringer geworden.

Dieser Trend wird sich 1980 weiter fortsetzen; von einer echten Budgetsanierung, wie wir sie verstehen, sind wir noch weit entfernt.

Die österreichische Volkspartei hat vor dieser Entwicklung seit langem gewarnt. Es geht dabei nicht nur um eine bessere Dotierung einiger Förderungsmaßnahmen im Kapitel Handel, sondern insgesamt um die wirtschaftspolitischen Auswirkungen des Budgets.

Nach unseren Vorstellungen kann man nur dann von einer Budgetsanierung reden, wenn es gelingt,
– die Zunahme der Staatsverschuldung einzubremsen,
– die Defizite abzubauen,
– die Belastungen zu stoppen und
– den Spielraum für produktive Staatsausgaben wieder zu vergrößern.

Alle diese Kriterien einer echten Sanierung erfüllt das Budget 1980 nicht.

Im Gegenteil, die ohnedies schon hohe Staatsquote steigt weiter an. Die meisten Einsparungen bringen der Bevölkerung neue Belastungen.

Die Budgetpolitik der Regierung hat zur Folge, daß die Wirtschaft durch immer höhere Steuern und Abgaben in ihrer Wettbewerbsfähigkeit beeinträchtig wird.

In der Steuerpolitik sollte der Finanzminister ganz andere Sorgen haben.

– Wie soll sich die Wirtschaft im immer härteren Konkurrenzkampf behaupten;
– wie sollen die Betriebe neue Produkte entwickeln;
– wie sollen sie die notwendige Anpassung schaffen, wenn die Belastungen größer und die Erträge geringer werden?

Diese Fragen müssen wir dem Finanzminister stellen. Der Staat ist immer weniger in der Lage, durch wirksame Maßnahmen den notwendigen Strukturanpassungsprozeß sinnvoll zu fördern. Auch im Budget 1980 sind keine neuen strukturpolitischen Akzente erkennbar. Es werden wieder nur einige Großprojekte bevorzugt, für den wichtigen Bereich der kleinen und mittleren Betriebe gibt es aber weiterhin nur unverbindliche Versprechungen.

Ich bin dafür, daß auch Großprojekte gefördert werden. Der Maßstab dieser Förderung muß aber auch für österreichische Industriebetriebe gelten und ebenso für die kleinen und mittleren Betriebe angewendet werden.

Es sind gerade diese Betriebe, die den Großteil der österreichischen Arbeitsplätze sichern und immer wieder neue Arbeitsplätze schaffen. Es sind auch die vielen Klein- und Mittelbetriebe, die durch ihre Ausbildungs- und Beschäftigungsleistung bisher eine Jugendarbeitslosigkeit in Österreich verhindert haben.

Ich glaube, den österreichischen Unternehmern sollte auch von der Regierung endlich einmal dafür gedankt werden, daß sie die in den letzten Jahren immer stärker gewordenen Jahrgänge von Jugendlichen auf Lehrstellen untergebracht haben. 1979 waren rund 3.500

Lehrplätze zusätzlich notwendig. Mit 194.000 Lehrlingen haben wir heuer in Österreich einen Rekordstand zu verzeichnen. Wir begrüßen es natürlich auch, daß sich der Bund bemüht, in verstärktem Maße Jugendliche zu beschäftigen. Der Finanzminister hat in seiner Budgetrede auf den wichtigen Beitrag des Bundes hingewiesen, Jugendarbeitslosigkeit erst gar nicht entstehen zu lassen.

Man muß dabei aber die Relationen sehen. Mit insgesamt 4.650 Jugendlichen beträgt der Anteil an den Bediensteten des Bundes 1,6 %. In der gewerblichen Wirtschaft beträgt allein die Zahl der Lehrlinge 194.000, das sind fast 10 % der Beschäftigten. Das Problem der Jugendarbeitslosigkeit wird also vor allem von unseren Betrieben gelöst.

Die Regierung hören wir immer von einer planvollen und längerfristigen Strukturpolitik reden. In Wirklichkeit kommt es aber meist nur zu ad-hoc-Sanierungsaktionen in letzter Minute, um Kündigungen zu verhindern oder aufzuschieben.

Mit solchen Maßnahmen werden zwar vorübergehend gewisse beschäftigungspolitische Erfolge erzielt – das will ich gerne einräumen. Der notwendige Strukturwandel wird damit aber nicht gefördert und es werden auf diese Weise keine dauerhaften Arbeitsplätze geschaffen.

Hohes Haus!
– Steigende Belastungen vermindern die Erträge;
– ohne Erträge können die Betriebe nicht investieren,
– und ohne ausreichende Investitionen können nicht genügend Arbeitsplätze zur Sicherung der Vollbeschäftigung geschaffen werden.

Ich habe schon immer gesagt, sichere Arbeitsplätze gibt es nur in gesunden Betrieben; mir liegen die Arbeitsplätze genauso am Herzen, wie dem Präsidenten des Gewerkschaftsbundes.

Unseres Erachtens sollte die Budgetpolitik folgendes anstreben:
- Die Budgetdefizite sind abzubauen, um die Belastungen zu stoppen;
- es müssen wieder steuerliche Leistungsanreize gesetzt werden, um alle Leistungswilligen zu ermutigen;
- Leistungshemmnisse sind zu beseitigen;
- die Eigenkapitalbildung soll erleichtert werden, um die Investitionstätigkeit anzukurbeln;
- die Innovationstätigkeit der Betriebe ist zu fördern, um die Strukturanpassung der gesamten Wirtschaft zu forcieren.

Wenn die Regierung in ihrer Budgetpolitik diese Vorschläge berücksichtigt, dann braucht sie sich in der Zukunft vor technischen Neuerungen nicht zu fürchten.

Im Gegenteil, manche technologische Entwicklungen könnten unserer Wirtschaft einen neuen Auftrieb geben. Gerade kleine und mittlere Betriebe, die den Großteil der österreichischen Arbeitnehmer beschäftigen, sind besonders flexibel und können auch Technologien anwenden, die für Großbetriebe oft weniger geeignet sind.

Heute schon gibt es eine Reihe von Betrieben, die in der Entwicklung bahnbrechend sind. Sie experimentieren mit der Sonnenenergie, sie stellen sich auf umweltfreundliche Produktionen um, sie erzeugen neue hochwertige Qualitätsprodukte oder sie bieten maßgeschneiderte Dienstleistungen an.

Die neuen Chancen werden allerdings nur genützt werden können, wenn die Wirtschaftspolitik viel stärker als bisher die Erfordernisse der kleinen und mittleren Betriebe berücksichtigt. Bisher wurden sie in vielen Bereichen eher benachteiligt.

Wir werden daher in nächster Zeit im Parlament wieder den Entwurf für ein Mittelstandsgesetz einbringen. Dieser Entwurf wurde von uns schon in der letzten Legislaturperiode eingebracht, aber im Parlament nicht behandelt. Eine gesetzliche Verankerung der Anliegen des Mittelstandes ist deshalb notwendig, weil verschiedene Entwicklungen den Mittelstand und damit unsere freie Gesellschaftsordnung ernstlich bedrohen. Die Tendenz

– zum Zentralismus,

– zum Überhandnehmen der Bürokratie,

  zu Dirigismen,

  zu wirtschaftlichen Konzentrationen und

– zur Ausdehnung der öffentlichen Hand auf alle Lebensbereiche ist unübersehbar.

Durch das Mittelstandsgesetz soll eine verbindliche Festlegung der staatlichen Strukturpolitik auf mittelständische Zielsetzungen erreicht werden.

Der im Mittelstandsgesetz vorgesehene Mittelstandsbericht soll die tatsächliche Lage und Entwicklung der mittelständischen Wirtschaft aufzeigen. Es sollen damit auch die Auswirkungen beschlossener Maßnahmen kontrolliert und Ansätze für die zukünftige Politik geliefert werden. Der Mittelstandsbericht soll für die mittelständische Wirtschaft eine ähnliche Funktion erfüllen, wie es der Sozialbericht für den sozialen Sektor und der Grüne Plan für die Landwirtschaft längst tun.

Ich kann mir vorstellen, daß ein solches Gesetz auch

dem Handelsminister bessere Möglichkeiten gibt, mehr Initiativen für die kleinen und mittleren Betriebe zu entfalten.

Im heurigen Jahr haben wir auf dem Exportsektor eine günstige Entwicklung zu verzeichnen; vom Export sind die stärksten Impulse für das relativ hohe Wachstum im Jahre 1979 ausgegangen. Man darf dabei aber nicht übersehen, daß gleichzeitig die Importe stark angestiegen sind. Sowohl importseitig als auch exportseitig werden in der Zukunft starke Veränderungen zu erwarten bzw. zu bewältigen sein.

Die Außenhandelsorganisation der Bundeskammer versucht, die österreichischen Exporteure und Importeure nach Kräften zu unterstützen, und zwar in fast allen Ländern der Welt. Es gibt für uns keine Bevorzugung gewisser Weltregionen; ich will dabei nicht bestreiten, daß es Gebiete gibt, in denen die Geschäftätigkeit der Firmen und die Arbeit der Handelsdelegierten besonders schwierig ist. Die Wirtschaft kann es sich aber nicht leisten, in irgendeinem Land Chancen ungenützt und Märkte unbearbeitet zu lassen.

Hohes Haus!

Ich habe versucht, ein realistisches Bild unserer längerfristigen Wirtschaftsprobleme zu skizzieren.

Ich habe mich auch bemüht aufzuzeigen, welche budgetpolitische Kursänderung notwendig wäre, damit die Wirtschaft diese Probleme bewältigen kann.

Zum Kammertag 1980

**Rede zur 5. Wahl zum Präsidenten der Bundeswirt-
schaftskammer**

28. November 1980

Der Kammertag hat mir heute zum fünften Mal sein Vertrauen bekundet und mich wieder zum Präsidenten der Bundeswirtschaftskammer gewählt. Meine Wiederwahl bedeutet für mich persönlich Auftrag und Verpflichtung, in der kommenden Funktionsperiode noch einmal meine ganze Erfahrung und Kraft in den Dienst der österreichischen Wirtschaft und ihrer gesetzlichen Interessenvertretung zu stellen. Ich werde meine Funktion in den kommenden 5 Jahren – so Gott will – bis zum letzten Tag voll und ganz zum Wohl der österreichischen Wirtschaft nützen.

Mein Ziel ist es, daß sich die Handelskammerorganisation als moderne, schlagkräftige und mitgliedernahe Interessenvertretung präsentiert, die auch in der Öffentlichkeit Anerkennung und Beachtung findet.

Ich hoffe auch, daß es uns gelingen wird, auf die wirtschaftspolitischen Bedingungen für unsere Betriebe entscheidend Einfluß zu nehmen, um ihnen auch in der Zukunft weitere Entwicklungschancen zu ermöglichen.

In den letzten Jahren ist es nicht gerade leichter, sondern schwieriger geworden, wirtschaftliche Interessen zu vertreten und durchzusetzen. Wir haben schließlich schon seit mehr als 10 Jahren eine sozialistische Bundesregierung, die nicht immer auf der Seite der Wirtschaft steht und unternehmerische Interessen oft außer acht läßt. In einer solchen Situation gehört es zu unseren wichtigsten Aufgaben, Maßnahmen, die sich gegen die Wirtschaft richten, abzuwehren oder zu mildern. „Nein sagen" allein führt allerdings nicht zum Erfolg. Sicherlich werden wir in Grundsatzfragen klar nein sagen müssen und Kompromisse ablehnen. Dennoch werden wir bei Sachproblemen jede nur denkbare Verhandlungsmöglichkeit ausnützen, um ein für unsere Mitglieder erträgliches Ergebnis zu erreichen.

Für die Wirtschaft haben wir durch diese Verhandlungen oft bessere Ergebnisse herausgeholt, als durch lautstarke Proteste und starre Ablehnung allein. Wir müssen klar erkennen, daß in der Politik und in der Wirtschaft nur der Erfolg zählt. Wir werden uns aber auch Verhandlungserfolge nicht durch andere nehmen lassen, die sie für sich reklamieren wollen. Eines möchte ich deutlich sagen: Bei allen Verhandlungen und bei allen Bemühungen um gemeinsame Lösungen, vor allem auch in der Sozialpartnerschaft, haben wir an unserer grundsätzlichen Haltung nie einen Zweifel aufkommen lassen. Wir bekennen uns vorbehaltlos zur Sozialen Marktwirtschaft und zur tragenden Rolle des freien Unternehmers in unserem Gesellschaftssystem.

Das hat die Handelskammerorganisation auch dazu bewogen, stärker denn je – über den fachlichen Bereich hinaus – auch die Öffentlichkeit zu vertreten. Daher haben wir auch im Jahre 1978 erstmals ein Grundsatzprogramm der Handelskammerorganisation erarbeitet, in dem ein klares Bekenntnis zur Martkwirtschaft, unsere Auffassungen über die Rolle des Unternehmers und unsere Vorstellungen über eine marktwirtschaftlich orientierte Politik dargelegt werden.

Es genügt heute weniger denn je, ein tüchtiger Unternehmer zu sein und den eigenen Betrieb gut zu führen. Die Unternehmer müssen sich auch politisch engagieren, und zwar in allen Bereichen: in der Interessenvertretung, in den Parteien, in den Gemeinden, in den Ländern und auf Bundesebene. Letztlich wird in der Politik entschieden, welchen Stellenwert die Unternehmer haben, unter welchen Bedingungen unsere Betriebe arbeiten können, wer Einfluß auf die Wirtschaft nimmt und ob es in Zukunft überhaupt noch freie Unternehmer geben wird.

Wir brauchen Funktionäre, die sich der gesellschaftlichen Herausforderung stellen und die sich auch nicht scheuen, in der Öffentlichkeit die Auffassung der Wirtschaft und der Unternehmer zu vertreten.

Es ist mein besonderes Anliegen, mehr denn je junge Unternehmer zu ermutigen, in der Handelskammerorganisation aktiv mitzuarbeiten.

Wir wollen der Jugend auch vermehrte Chancen geben, ihre Interessenvertretung mitzugestalten und in Funktionen hineinzuwachsen.

Die österreichischen Wirtschaftstreibenden sollten wie eine große Familie sein, in der es zwar auch Gegensätze gibt, in der aber gegenseitiges Verständnis und die Gemeinsamkeit Vorrang haben.

Die Zukunft wird uns vor große und schwierige wirtschaftliche Probleme stellen, deren Bewältigung den Einsatz aller positiven Kräfte verlangt.

Die Belastungspolitik der Regierung hat die Wettbewerbsfähigkeit und die Ertragskraft der Betriebe laufend vermindert. Strukturpolitik wurde vielfach in der

Form betrieben, daß unter dem Titel der Beschäftigungssicherung defizitäre Großbetriebe und ausländische Großprojekte finanziell unterstützt, die vielen kleinen und mittleren Betriebe aber benachteiligt und über Gebühr belastet werden.

Ich begrüße es, daß der Hauptausschuß des Nationalrates die Abhaltung einer parlamentarischen Enquete über die Lage der Klein- und Mittelbetriebe beschlossen hat. Wir hoffen, daß der Nationalrat in nächster Zeit auch unserem Vorschlag für ein Mittelstandsgesetz zustimmen wird. Es ist nämlich gerade die mittelständische Wirtschaft, die sich in Österreich als besonders krisenfest erwiesen hat, die die meisten Arbeitsplätze zur Verfügung stellt und den Großteil unserer Jugendlichen ausbildet. Die Ertragskraft unserer Betriebe und ihre Eigenkapitalbasis muß gestärkt werden. Forschung und Innovation sollten in der Förderungspolitik Priorität haben und der Strukturwandel sollte durch die staatliche Wirtschaftspolitik nicht behindert, sondern erleichtert werden. Eine solche Politik würde bewirken, daß es in unserer Wirtschaft genügend sichere und immer wieder neue Arbeitsplätze gibt, ohne daß der Staat die Vollbeschäftigung mit Milliardenbeträgen aus Steuermitteln stützen muß.

Wenn die richtige Politik gemacht wird, können wir durchaus optimistisch sein, daß unsere Betriebe mit den künftigen Problemen fertig werden.

Aufgabe der Handelskammerorganisation ist es, in der Öffentlichkeit und in der Politik darzulegen, welche Voraussetzungen für ein ertragreiches Wirtschaften zum Wohle der gesamten Bevölkerung unerläßlich sind.

Wir werden für die Anliegen und Erfordernisse der Wirtschaft bei der gesamten Bevölkerung dann am ehesten Verständnis erwecken, wenn wir klare Standpunkte beziehen.

Wir müssen ein klares Ja, und wenn notwendig auch ein klares Nein sagen. Wir müssen in unseren Aussagen realistisch sein, denn die Bevölkerung weiß ganz genau, was ehrlich gemeint ist und was auch realisierbar ist.

Die Unternehmer sind immer eine Minderheit – sie können daher nur mit besseren Argumenten überzeugen und wirtschaftliche Forderungen durchsetzen. Ich bin in der politischen Auseinandersetzung immer für Sachlichkeit eingetreten, und habe mich daher auch immer zur Zusammenarbeit der Sozialpartner bekannt. Ich habe mich aber auch nie gescheut, die Bedingungen, die Grenzen und die Gefahren der Sozialpartnerschaft aufzuzeigen. Die Zusammenarbeit auf freiwilliger Basis funktioniert nur dann, wenn die Sozialpartner für die getroffenen Vereinbarungen auch die volle Verantwortung übernehmen können. Das geht auf Dauer nur, wenn die Sozialpartner gleichgewichtig und gleichberechtigt sind.

Um unsere Anliegen mit Gewicht und Erfolg vertreten zu können, müssen wir innerhalb der eigenen Organisation Disziplin und Ordnung halten. Darauf werde ich in den nächsten 5 Jahren besonderes Gewicht legen, weil das die Voraussetzung für das Funktionieren jeder Gemeinschaft ist.

Bevor wir mit Vorschlägen oder Stellungnahmen in die Öffentlichkeit gehen, müssen wir immer bestrebt sein, interne Einigkeit zu erzielen. Nur so ist es möglich, nach außen geschlossen aufzutreten. Manchmal müssen wir auch Gruppeninteressen, so berechtigt sie immer sein mögen, im Gesamtinteresse der Wirtschaft

Konditorlehrlinge gratulieren zum 70. Geburtstag, 1986

Präsentation auf der Fremdenverkehrsmesse 1981 mit Bundeswirtschaftskammer-Vizepräsident Otto Scheiner und Komm.-Rat Hans-Jörg Kröll

Mit seinem wirtschaftspolitischen „Ziebsohn" Bundesminister Dr. Wolfgang Schüssel, um 1988

zurückstellen. Dazu gehört Rückhalt in der eigenen Organisation, aber auch Mut – mutig sein heißt nicht nur, nach außen hart aufzutreten, sondern sich auch der internen Auseinandersetzung zu stellen und einmal gefaßte Beschlüsse zu respektieren.

Leistung muß sich wieder lohnen; selbständig zu werden und neue Betriebe zu gründen, muß wieder attraktiv werden. Unsere Betriebe, damit meine ich alle Betriebe, die großen und die kleinen, müssen sich dynamisch entfalten können. Eine moderne, anpassungsfähigere Wirtschaftsstruktur muß es uns ermöglichen, qualitativ hochwertige Produkte und Leistungen anzubieten. Dann wird es in unserem Land sichere Arbeitsplätze für alle, Wohlstand und soziale Sicherheit geben.

Ich werde in den nächsten fünf Jahren auch alles daransetzen, daß die Handelskammerorganisation noch schlagkräftiger wird. Ich will erreichen, daß sich alle unsere Mitglieder voll und ganz zu ihrer Interessenvertretung bekennen und daß möglichst viele Unternehmer aktiv in den Handelskammern mitwirken.

Ich werde aber auch allen Entwicklungen energisch entgegentreten, die die Einigkeit der Handelskammerorganisation schwächen könnten. Dazu brauchen wir auch das Verständnis und die Bereitschaft der Medien, über wirtschaftliche Probleme zu berichten. Ich möchte an dieser Stelle allen Mitarbeitern in Fernsehen, Rundfunk und Presse für ihre hervorragenden Bemühungen um die Wirtschaftsberichterstattung danken und sie herzlich bitten, auch in Zukunft den Anliegen der Wirtschaft ihre Aufmerksamkeit zu widmen.

Ich werde mich auch dafür einsetzen, daß das Serviceangebot der Handelskammern für ihre Mitglieder in allen Bereichen noch verbessert und verstärkt wird.

Diese Aufgabe wird in erster Linie von den Wirtschaftsförderungsinstituten und von unserer Außenhandelsorganisation wahrzunehmen sein, aber auch von allen Fachorganisationen auf Bundes- und Landesebene und von den Bezirksstellen. Wir wollen den österreichischen Unternehmern gerade in schwierigen Zeiten eine möglichst wirkungsvolle Hilfe zur Selbsthilfe bieten.

Die österreichischen Unternehmer sollen und können das Bewußtsein haben, daß sie nicht allein dastehen. Das ist mein Programm und mein Versprechen für die nächsten 5 Jahre.

Zum Budget 1988

Rede im österreichischen Nationalrat

17. Dezember 1987

Das Parlament diskutiert heute über das Wirtschaftsressort der Budgetvorlage für 1988. Die Richtlinien hierfür wurden im Koalitionsabkommen festgelegt. Das vordringlichste Ziel ist die schrittweise Sanierung des Bundeshaushaltes. Die jahrelang steigenden Defizite müssen abgebaut werden. Dazu sind vor allem rigorose Sparmaßnahmen auf der Ausgabenseite notwendig. Diese Budgetsanierung ist die unabdingbare Voraussetzung für die geplante Steuerreform mit einer fühlbaren Tarifsenkung. Der vorliegende Entwurf für das Budget 1988 war die erste große Bewährungsprobe für diese Koalitionsregierung.

Mit dem Voranschlag für 1988 wurde ein erster Schritt zur Budgetsanierung gesetzt. Es mußte allen klar sein, daß dies nur mit Opfern aller Bevölkerungskreise erreicht werden kann. Gegen solche Maßnahmen hat es da und dort Widerstände gegeben. Das hat oft zu harten Verhandlungen, in einzelnen Fällen sogar zu Demonstrationen geführt. Trotz aller Schwierigkeiten – das möchte ich in aller Deutlichkeit sagen – muß die Regierung aber am beschlossenen Kurs festhalten. Wenn eine solche Änderung der Politik begonnen wird, muß sie auch zu Ende geführt werden. Letztlich wird diese Regierung an der Verwirklichung der Budgetsanierung und der Steuerreform beurteilt werden.

Die Wirtschaft hat für dieses Ziel eine Reihe von Vorleistungen erbracht, die von uns schwer zu verkraften sind. Das heute zur Diskussion stehende Ressort für wirtschaftliche Angelegenheiten zeigt auch, wie ernst der Wirtschaftsminister den Sanierungsauftrag nimmt. Er führt den neuen wirtschaftspolitischen Kurs konsequent durch.

Das Budget des Wirtschaftsministers bringt die Spargesinnung ganz deutlich zum Ausdruck. Die Wirtschaft mußte beachtliche Kürzungen von Förderungen in Kauf nehmen. Auch die Mittel für öffentliche Bauvorhaben sind fühlbar gekürzt worden.

Wir bekommen deshalb aus Unternehmerkreisen heftige Kritik zu hören. Die Kürzungen, die zweifellos Opfer bedeuten, können von der Wirtschaft nur dann in Kauf genommen werden, wenn damit glaubhaft eine Steuerreform und eine deutliche Tarifsenkung verbunden ist. Das darf uns jetzt nicht mehr nur grundsätzlich versprochen werden, sondern es muß rasch etwas geschehen.

Es müssen endlich die konkreten Pläne der Reform, das Ausmaß der Steuersenkung und der genaue Terminablauf auf den Tisch gelegt werden. Die Unternehmen sollten möglichst bald wissen, woran sie sind.

Die Wirtschaft erwartet auch, daß ihre bisherigen Vorleistungen bei dem künftigen Abbau von steuerlichen Sonderregelungen voll angerechnet werden. Die Steuerreform ist die nächste große Bewährungsprobe dieser Bundesregierung. Damit könnte die Regierung einen wesentlichen Beitrag zur Verbesserung des wirtschaftlichen Klimas in unserem Land leisten und der unternehmerischen Initiative einen neuen Auftrieb geben.

Unsere Wirtschaft ist durchaus leistungsfähig und hat die Herausforderung angenommen, sich auf die volle Teilnahme am großen europäischen Markt vorzubereiten. Die Lage der meisten Betriebe – wenn man von der Verstaatlichten Industrie absieht – ist wesentlich besser als die Stimmung. In der Privatwirtschaft, vor allem in unseren vielen kleinen und mittleren Betrieben, ist der Strukturwandel voll in Schwung gekommen. Die meisten Unternehmer haben viel investiert und die Betriebe noch weiter rationalisiert. Die Exporte in die EG haben sich recht gut entwickelt. Das beweist, daß wir uns auf diesen hartumkämpften Industriemärkten behaupten können.

In vielen Bereichen, nicht zuletzt in der Fremdenverkehrswirtschaft, macht sich trotz steigender Arbeitslosigkeit ein deutlicher Mangel an qualifizierten Arbeitskräften bemerkbar.

Ich habe über dieses Problem mit Sozialminister Dallinger ein Gespräch geführt und verlangt, daß die Zumutbarkeit, einen Arbeitsplatz anzunehmen, in Hinkunft strenger ausgelegt werden soll. Arbeitslose müßten auch in andere Branchen wechseln, wenn sie dort gebraucht werden. Dadurch könnte vor allem der Arbeitskräftemangel in der Fremdenverkehrswirtschaft gemildert werden.

Wenn unsere Wirtschaft die Europareife voll erlangen soll, brauchen wir auch eine europareife Politik. Das heißt, es müssen für die Betriebe in Österreich Bedingungen geschaffen werden, wie sie für die Unternehmer im EG-Bereich bestehen.

Zu einer Europapolitik gehören auch Deregulierungsmaßnahmen auf verschiedenen Gebieten. Wir brauchen einen Abbau von starren Regelungen und bürokratischen Barrieren in der Sozialpolitik, im Gewerberecht, insbesondere bei Firmenneugründungen und auch im Wettbewerbsrecht. Den Unternehmern muß mehr Beweglichkeit ermöglicht werden. Eine flexiblere Arbeitszeit und eine flexiblere Gestaltung der Betriebs- und Ladenöffnungszeiten sind wichtige Fragen, die es auf dem Weg zum Europäischen Markt zu lösen gilt.

Man darf die vorhandene Leistungsfähigkeit unserer Wirtschaft nicht durch übergroße Belastungen und kleinliche administrative Fesseln vermindern.

Ich glaube auch, daß der österreichische Hartwährungskurs schon im Hinblick auf die Teilnahme an der europäischen Integration fortgesetzt werden muß, weil die gesamtwirtschaftlichen Vorteile größer sind als die Schwierigkeiten, die für manche Bereiche ohne Zweifel bestehen. Der Hartwährungskurs ist zweifellos eine der Vorbereitungsmaßnahmen für die Teilnahme an der EG, verlangt aber Konsequenzen in der Budget-, Steuer- und Einkommenspolitik. Es muß vermieden werden, daß unsere Betriebe höhere steuerliche Belastungen haben als ihre EG-Konkurrenten.

Der Kammertag der Bundeswirtschaftskammer hat in der vorigen Woche eine deutliche Stellungnahme zur europäischen Integration beschlossen.

Die Wirtschaft ist der Auffassung, daß der Handel mit Waren und Dienstleistungen, der Kapitalverkehr, die Niederlassung von Unternehmen und die Freizügigkeit der Arbeitskräfte zwischen Österreich und der Europäischen Gemeinschaft von allen noch bestehenden Schranken befreit werden sollen. Auch eine gemeinsame Forschungs- und Entwicklungstätigkeit ist anzustreben.

Es muß darüber Klarheit bestehen, das möchte ich betonen, daß Österreich nicht einseitig die Vorteile eines großen Binnenmarktes erreichen kann, ohne die umfassende Teilnahme mit allen Konsequenzen zu akzeptieren. Nach Auffassung der Bundeskammer ergibt sich daraus für Österreich als Ziel der Beitritt zur Europäischen Gemeinschaft.

Dabei sind allerdings nicht nur wirtschaftliche, sondern auch außenpolitische Aspekte zu berücksichtigen. Für diese außenpolitischen Aspekte sind Bundesregierung und Parlament zuständig.

Die Wirtschaft ist jetzt an raschen, zielführenden und effizienten Verhandlungen der Bundesregierung mit der EG interessiert.

Wirtschaft und Regierung müssen sich bewußt sein, daß die volle Teilnahme an der EG neben vielen Vorteilen und Chancen auch einen scharfen Wind des Wettbewerbs für die Unternehmen und den Zwang zu einer konsequenten Europapolitik bedeutet. Man kann nicht „JA zur EG" sagen und eine „Insel der Seligen" spielen wollen.

Besonderes Augenmerk muß auf die Verbesserung des Klimas in unserem Land gelegt werden. Ich meine damit das wirtschaftspolitische Klima, aber auch ganz allgemein das Klima in der Politik. Als einer der ältesten Abgeordneten in diesem Haus und auch als Sozialpartner möchte ich zum Schluß noch eines sagen: Die Meinung der Bevölkerung über uns Politiker geht uns alle an. Es sollte uns daher zu denken geben, daß die Menschen in unserem Land uns gegenüber immer kritischer werden. Die Politik muß glaubhaft sein. Die Politiker müssen beweisen, daß sie Versprechungen nicht nur geben, sondern sie auch einzulösen bereit sind. Sie müssen getroffene Vereinbarungen einhalten und dürfen nicht nur aus Propagandagründen billige Zusagen machen. Besonders schädlich für das allgemeine Klima sind demagogische Versprechungen, für die keine Verantwortung getragen wird. Damit kann kein einziges Problem in unserem Land gelöst werden. Verantwortung, Vertragstreue, Glaubwürdigkeit und Mut zur Wahrheit – und nichts anderes – können das Verständnis und das Vertrauen der Bürger erwecken. Das ist Aufgabe der Regierung und Aufgabe aller Mitglieder des Parlaments.

Europäische Integrationspolitik

Zum 1. Österreichischen Normentag

Rede vor dem österreichischen Normungsinstitut

10. November 1988

Meine sehr geehrten Damen und Herren!
Die Wirtschaft begrüßt es sehr, daß das Österreichische
Normungsinstitut den 1. Österreichischen Normentag
abhält, der ganz im Zeichen der europäischen Integration steht. Die Bundeskammer hat sich bei ihrem Kammertag im Dezember vorigen Jahres einhellig für die
Teilnahme Österreichs am großen europäischen Binnenmarkt ausgesprochen. Unser Ziel ist die Mitgliedschaft Österreichs bei den Europäischen Gemeinschaften. Die Bundesregierung hat nun angekündigt, daß
der Beitrittsantrag noch im ersten Halbjahr 1989 gestellt
werden wird.
Wir sind uns darüber im klaren, daß einem tatsächlichen Beitritt Österreichs zu den EG langwierige und
schwierige Verhandlungen vorausgehen werden. Die
Vorbereitungen auf diesen Schritt müssen allerdings
unverzüglich in Angriff genommen werden, und zwar
auf verschiedenen Ebenen. Es ist notwendig, daß
schon jetzt wirtschaftspolitische Maßnahmen getroffen
werden, die für unsere Betriebe ähnliche Bedingungen
schaffen, wie sie für die Firmen in den EG-Ländern geplant sind oder bereits bestehen. Auf diesem Weg sind
wir mit der Steuerreform, die ab Jänner 1989 eine fühlbare steuerliche Erleichterung bringt, ein Stück weitergekommen. Auch die Privatisierungsmaßnahmen, die

Änderung des Kartellgesetzes und die Auflockerung der starren Ladenschlußzeiten gehen beispielsweise in die Richtung.

Viele österreichische Betriebe unternehmen selbst größte Anstrengungen, um für den scharfen Wettbewerb auf dem großen europäischen Binnenmarkt gerüstet zu sein. Die Handelskammerorganisation bietet dafür mit zahlreichen neuen Serviceleistungen zur Aufklärung, Beratung und Information Hilfestellung an.

Eine ganz besonders wichtige Rolle bei der Internationalisierung der österreichischen Wirtschaft und bei der Nutzung unserer Chancen auf den EG-Märkten kommt dem Normenwesen zu. Für uns ist es von großer Bedeutung, daß österreichische Produkte bezüglich ihres technischen Standards möglichst weitgehend den EG-Normen angepaßt werden können. Es wäre sehr wesentlich, wenn es zu einer EG-weiten Harmonisierung von Normen käme. Dazu ist es sicher auch notwendig, daß die europäischen Institutionen bei der Erstellung von Normen eng zusammenarbeiten und wir an dieser Kooperation auf breiter Basis teilhaben können. Dort wo eine Harmonisierung nicht erreichbar ist, muß sich Österreich bemühen, auf vertraglicher Basis die gegenseitige Anerkennung von Normen zu erreichen. Die Internationalisierung des Normenwesens ist eine wichtige Voraussetzung für die Internationalisierung der österreichischen Wirtschaft. Das gilt unabhängig von einem österreichischen Beitritt zur EG, das gilt auch – schon jetzt – für die Gestaltung des Verhältnisses zwischen EG- und EFTA-Staaten.

Österreich ist immer für eine möglichst weitgehende Liberalisierung des internationalen Warenverkehrs eingetreten. Eine Liberalisierung kann nicht nur durch

Abbau von tarifarischen Handelsbeschränkungen erreicht werden. Es muß auch getrachtet werden, andere Protektionismen, wie z. B. nichttarifische Handelshemmnisse, zu beseitigen. Dabei ist die Vereinheitlichung von Normen von entscheidender Bedeutung.

Es ist sehr dankenswert, daß sich das Österreichische Normungsinstitut intensiv mit dieser Problematik befaßt und sich aktiv um die Vereinheitlichung von Normen bemüht. Der 1. Österreichische Normentag bietet Gelegenheit, daß sich viele Interessenten aus Wirtschaft und Verwaltung – über den engen Expertenkreis hinaus – mit der Bedeutung der Normengebung für die europäische Integration und die Liberalisierung des Welthandels vertraut machen können.

Ich wünsche dem 1. Österreichischen Normentag eine anregende Diskussion und viel Erfolg.

Grenzenloses Europa –
grenzenloser Wettbewerb

Eröffnung des Marktwirtschaftskongresses

18. Oktober 1989

Die Bundeswirtschaftskammer veranstaltet heute und morgen ihren 4. Marktwirtschaftskongreß. Der Marktwirtschaftskongreß 1989 befaßt sich mit der Frage „Grenzenloses Europa – grenzenloser Wettbewerb". Wir wollen heuer unter diesem Motto die aktuellen Probleme der Teilnahme Österreichs am großen europäischen Binnenmarkt und der Internationalisierung unserer Wirtschaft behandeln.

Die Marktwirtschaftskongresse der Bundeskammer, die in mehrjährigen Abständen stattfinden, haben von Anfang an das Ziel verfolgt, die Überlegenheit marktwirtschaftlicher Lösungen aufzuzeigen. Wir sind immer für die politische Durchsetzung marktwirtschaftlicher Grundsätze, für selbständige Unternehmer, für den freien Wettbewerb und einen liberalen Außenhandel eingetreten. Diese Position ist auch eindeutig im Grundsatzprogramm der Handelskammerorganisation festgelegt.

Wir haben in unseren Kongressen versucht, an Hand von konkreten Themen in Zusammenarbeit zwischen Wissenschaft, Praxis und Politik Vorschläge zu erarbeiten, die neue Probleme marktwirtschaftlich lösen können. Die Erfahrung hat uns gezeigt, daß die Unternehmer sehr engagiert an solchen Vorschlägen mitarbeiten und aus ihrer praktischen Arbeit heraus wertvolle Ideen liefern können. Das Ergebnis der bisherigen Kongresse hat zu einem beachtlichen Teil in wirtschaftspolitischen Maßnahmen seinen Niederschlag gefunden.

Wir stehen in Europa an der Schwelle zur Verwirklichung des großen europäischen Binnenmarktes. Die Bundeswirtschaftskammer hat sich nach eingehenden Beratungen im Dezember 1987 einhellig für den Beitritt Österreichs zu den Europäischen Gemeinschaften ausgesprochen. Wir haben uns diese Entscheidung nicht leicht gemacht. In allen Branchen und Fachorganisationen wurden sorgfältig alle Vor- und Nachteile abgewogen. Wir sind übereinstimmend zur Auffassung gelangt, daß wir nur mit einer Teilnahme am großen europäischen Markt unsere wirtschaftlichen Chancen in der Zukunft wahrnehmen können, wenn auch so manche Probleme und Schwierigkeiten damit verbunden sein werden.

Die Bundeswirtschaftskammer war entscheidend daran beteiligt, daß die Bundesregierung im heurigen Jahr den offiziellen Antrag Österreichs auf Vollmitgliedschaft in Brüssel überreicht hat. Damit wurde nicht nur ein formaler Akt gesetzt. Damit sind die Weichen für eine europakonforme Politik und für den Weg der österreichischen Wirtschaft in den gemeinsamen Markt gestellt worden. Die Unternehmer haben nun endlich Klarheit über den künftigen Weg der Integrationspolitik erlangt.

Wir wissen natürlich, daß dieser Weg noch sehr langwierig und mühsam sein wird. Eines ist aber unbestritten: Die österreichische Politik und die österreichischen Unternehmer müssen sich bereits jetzt auf den großen europäischen Markt vorbereiten, ob wir Vollmitglied werden oder nicht.

Die Bundeswirtschaftskammer hat ein umfassendes Maßnahmenpaket entwickelt, um Österreichs Wirtschaft für die europäische Zukunft zu rüsten.

Mit Stolz möchte ich vermerken, daß viele österreichische Unternehmen in den letzten Jahren ihre Europareife bereits eindeutig unter Beweis gestellt haben. Die internationalen Verflechtungen verstärken sich, wir gewinnen in vielen Exportrelationen beachtliche Marktanteile und unsere Firmen, auch kleine und mittlere Betriebe, sind in vielen Ländern willkommene Kooperationspartner.

Durch eine eindeutig marktwirtschaftliche Orientierung der Wirtschaftspolitik wurde das wirtschaftliche Klima in unserem Land entscheidend verbessert. Budgetsanierung, Konsolidierung der Verstaatlichten Industrie, Privatisierungsmaßnahmen und die Steuerreform sind die Eckpfeiler der neuen Wirtschaftspolitik, die viele unserer Anliegen berücksichtigt hat.

Ich glaube, daß Österreich von der Teilnahme am europäischen Binnenmarkt viel profitieren kann, aber auch selbst viel einzubringen hat. Die österreichische Wirtschaft verfügt traditionell über ausgezeichnete Kontakte und Verbindungen zu den osteuropäischen Ländern, die aufgrund ihrer zunehmenden Liberalisierungstendenzen auch für den EG-Raum immer interessanter werden. Die Reformbestrebungen im Ostblock gehen eindeutig in Richtung mehr Demokratie und mehr Marktwirtschaft. Diese Entwicklung eröffnet Österreich und auch allen anderen westeuropäischen Ländern ganz neue Chancen, natürlich aber auch neue Konkurrenzverhältnisse.

Betriebsbesuch bei der Fa. Henkel Austria in Wien, 1984

Der Steinmetz in seinem Wiener Betrieb, 1970

Ehrung durch den Österreichischen Skiverband, mit Toni Sailer und Olga Pall, 23. 10. 1990

Meiner Meinung nach sollen und können alle westlichen Länder nach Kräften dazu beitragen, daß die Marktwirtschaft und die Demokratie in Osteuropa zunehmend an Boden gewinnt. Damit könnte die Chance genützt werden, der friedlichen internationalen Zusammenarbeit eine neue Dimension zu geben.

70 Jahre Österreichisches Normungsinstitut

Ansprache anläßlich der Festveranstaltung in Wien

7. November 1990

Ich gratuliere dem Österreichischen Normungsinstitut herzlich zu seinem siebzigjährigen Bestehen. Die Wirtschaft hat die große Bedeutung des Normenwesens schon sehr früh erkannt und hat bei der Gründung des Österreichischen Normungsinstitutes 1920 eine wichtige Rolle gespielt. In der modernen Zeit umfaßt das Normenwesen fast alle Bereiche des täglichen Lebens, wie etwa Sicherheit, Vertragswesen, Umweltschutz, Energiesparen, Information und internationale Kommunikation.

Die Normung ist die Grundlage für eine weltweite Verständigung und damit auch die Voraussetzung für das Funktionieren der internationalen Wirtschaftsbeziehungen. Heute gibt es keinen modernen Staat der Welt ohne eigene nationale und international wirkende Normungsorganisation.

Jährlich werden Hunderttausende Arbeitsstunden aufgewendet, um den technischen Stand in allen Bereichen der Wirtschaft auf nationaler, europäischer und weltweiter Ebene festzulegen und für die Allgemeinheit nutzbar zu machen. Mehr als die Hälfte aller ehrenamtlicher Mitarbeiter in den Gremien des Normungsinstitutes stammt aus dem Bereich der gewerblichen Wirtschaft.

Das Normungswesen ist nach außen hin eine sehr abstrakte, trockene und nicht unmittelbar einsichtige Angelegenheit. In Wahrheit aber betreffen die Normen das Leben jedes einzelnen. Sie fördern den Fortschritt, die Information, den internationalen Warenaustausch und machen es erst möglich, sich in der komplizierten technischen und wirtschaftlichen Entwicklung zurechtzufinden. Durch Normung werden Produktionsprozesse effizienter und kostengünstiger. Das gilt natürlich auch für den Vertrieb und die Verwaltung. Normen wirken preissenkend, sie vereinfachen und verbessern die Serviceleistungen. Sie tragen wesentlich zur Sicherheit der Produkte, aber auch zur Sicherung im Geschäftsverkehr bei. Das Normwesen ist eine wichtige Voraussetzung für einen fairen Wettbewerb und für die Konkurrenzfähigkeit der Unternehmen. Normen sind in unserer hochtechnisierten Welt auch die Ausgangsbasis für die Verbesserung der Qualität von Produkten und Leistungen und nicht zuletzt eine Grundlage für die Beurteilungsmöglichkeiten durch die Verbraucher. Das sind nur einige der positiven Wirkungen.

Besonders für die vielen Klein- und Mittelbetriebe der österreichischen Wirtschaft bringt die Normung unschätzbare Vorteile. Sie wären sonst kaum in der Lage, internationale technische Entwicklungen zu verfolgen, sich an die neuesten Trends anzupassen und ihre wichtige Rolle als Zulieferer zu nützen.

Ganz außerordentlich groß ist die Bedeutung des Normenwesens und damit auch des Österreichischen Normungsinstitutes im Rahmen der fortschreitenden europäischen Integration. Durch die Mitleidschaft in den europäischen Normungsgremien können wir schon jetzt – noch vor einem EG-Beitritt Österreichs – wichtige Bereiche der europäischen Integration aktiv und wirkungsvoll mitgestalten. Diese Möglichkeit kann für unsere wirtschaftliche Zukunft nicht hoch genug eingeschätzt werden.

Das Institut hat auch der neuen Entwicklung in Osteuropa Rechnung getragen und Kooperationsverträge mit der UdSSR, der CSFR und Ungarn abgeschlossen. In den osteuropäischen Ländern ist – wie ich meine – die Entwicklung des Normenwesens besonders wichtig, um marktwirtschaftliche Beziehungen aufzubauen.

Ich möchte dem Österreichischen Normungsinstitut, dem Präsidenten und seinem Mitarbeiterstab sowie allen ehrenamtlichen Mitarbeitern in den Fachgremien für ihre hervorragende Leistung namens der österreichischen Wirtschaft sehr herzlich danken. Dem Institut wünsche ich zu seinem siebzigsten Geburtstag weiterhin eine erfolgreiche Arbeit zum Wohle unseres Landes und die gebührende Anerkennung.

Österreich-Woche 1990

Ansprache zur Symposiums-Eröffnung

22. Oktober 1990

Ich freue mich, daß die diesjährige Österreich-Woche mit einem Symposium im Haus der Wirtschaft eingeleitet wird, das in seiner Thematik auf die aktuelle Situation in Europa ausgerichtet ist. Die rege Beteiligung aus Wirtschaft und Wissenschaft zeigt schon, daß für dieses Thema großes Interesse aufgebracht wird. Ich begrüße alle Vortragenden und Teilnehmer sehr herzlich und hoffe, daß Ihnen diese Veranstaltung viele Anregungen und Informationen bieten wird.

Die von der Bundeswirtschaftskammer alljährlich durchgeführte Österreich-Woche hat schon eine lange Tradition – sie wurde erstmals 1958 veranstaltet. Wir haben mit unseren Aktionen während der Österreich-Wochen versucht, die Bevölkerung auf die Qualität der österreichischen Produkte und Dienstleistungen hinzuweisen. Wir wollten damit das Wissen um unsere wirtschaftlichen Leistungen und das Vertrauen in unsere Arbeit verbessern. Wir wollten auch zeigen, daß die Unternehmer und Arbeitnehmer in unserem Land sehr wohl in der Lage sind, sich im internationalen Wettbewerb zu messen. Wir wollten nicht zuletzt das Selbstbewußtsein der Bürger in unserem Land stärken.

Die diesjährige Österreich-Woche steht im Zeichen Europas, weil Österreich inmitten eines überaus erfreulichen, aber auch sehr schwierigen europäischen Integrationsprozesses steht. Unsere Bestrebungen zielen ebenso darauf ab, wie aktiv an der osteuropäischen Öffnung mitzuwirken. Diese neuen Entwicklungen bieten Österreich, seiner Wirtschaft und seiner Bevölkerung nicht nur große Chancen. Sie stellen auch eine enorme Herausforderung dar.

Die Herausforderung geht alle an: Unternehmer, Arbeitnehmer, die Regierung, die Verwaltung, die Politik und ganz besonders auch die Wissenschaft. Österreich hat in den letzten Jahren eine sehr gute wirtschaftliche Entwicklung zu verzeichnen. Sie bietet uns eine gute Ausgangslage, ist aber noch keine ausreichende Basis für einen erfolgreichen Weg nach Europa. Österreich wird den Aufbruch nach Europa nur schaffen und voll nützen können, wenn wir uns offensiv darauf vorbereiten.

Unsere Unternehmer werden sich noch viel stärker als bisher auf große Wirtschaftsräume einstellen, ihre Exportanstrengungen vergrößern, die Qualität ihrer Leistungen steigern und neue Risken eingehen müssen. Die Wirtschaft muß offener für Innovationen und für neue Ideen werden. Wagemut, Kooperationsbereitschaft, Konkurrenzdenken und Anpassungsfähigkeit sind mehr gefragt als je zuvor. Die Mitarbeiter in den Betrieben müssen damit rechnen, daß ihr Wissen, ihr Können, ihre Einsatzbereitschaft und ihr Wille, Neues zu lernen, härter als bisher gefordert werden wird. Bildungs- und Weiterbildungsarbeit, Kreativität und private Initiative werden wichtige Bausteine für den europäischen Weg sein. Wir müssen gemeinsam – die Unternehmer und ihre Mitarbeiter, die Interessenvertretungen, die Politiker und die Regierung ernsthaft daran gehen, administrative Schranken abzubauen, bürokratische Hemmnisse zu beseitigen und dabei auch auf so manche liebgewordene und bequeme Gewohnheit und Regelung zu verzichten. Leistung wird in allen Bereichen unseres Daseins, in der Wirtschaft, im Staat und in der Politik mit Großbuchstaben zu schreiben sein, auch wenn dies oft mühsam ist.

Wir werden die Möglichkeiten eines großen europäischen Wirtschaftsraumes dann am besten wahrnehmen können, wenn wir in der Leistung, im Denken und in der Politik europäische Maßstäbe setzen.

Eines möchte ich noch klar aussprechen: Europa ist mehr als die Chance für materiellen Wohlstand, mehr als die Forderung nach höherer Leistung. Europa ist auch eine geistige Herausforderung, die an unsere Mentalität, an unseren Ideenreichtum und an unseren Willen zur Gestaltung der Zukunft höchste Anforderungen stellt. Unsere Wissenschafter, unsere Unternehmer und ihre Mitarbeiter und nicht zuletzt unsere Politiker sind aufgerufen, die große Herausforderung der europäischen Entwicklung anzunehmen und damit für Österreich zu arbeiten.

*Gesellschaftspolitische Aspekte
der Sozialen Marktwirtschaft
unter besonderer Berücksichtigung
der Klein- und Mittelbetriebe*

Die Wirtschaftspolitik der Handelskammer und die sozialistische Alleinregierung

Rede vor dem Wirtschaftspolitischen Ausschuß der Bundeskammer

19. Oktober 1971

In Österreich wird es nun zum ersten Mal eine sozialistische Alleinregierung geben, die sich auf die Mehrheit im Parlament stützen kann. Wirtschaftspolitische Diskussionen und Programme der sozialistischen Partei haben damit stärkere Aktualität erlangt.

Die wichtigste Aufgabe der Interessenvertretung der Wirtschaft wird es sein, den grundlegenden wirtschaftspolitischen Leitlinien der Handelskammerorganisation auch unter einer sozialistischen Bundesregierung zum Durchbruch zu verhelfen. Diese Grundsätze sind

– die freie Entfaltung des Unternehmers in einer marktwirtschaftlichen Ordnung;

– die Sicherung des persönlichen Eigentums vor ungerechtfertigten staatlichen Eingriffen;

– die Förderung des Leistungsprinzips in Staat und Wirtschaft;

– die Bereitschaft zur verantwortungsbewußten Mitgestaltung der Wirtschafts- und Sozialpolitik und

– die Bereitschaft zur freiwilligen Zusammenarbeit mit den Sozialpartnern.

Wenn die neue Regierung diese Grundsätze respektiert,

wird einer Zusammenarbeit nichts im Wege stehen. Während der Minderheitsregierung hat sich zwischen der Interessenvertretung der gewerblichen Wirtschaft und den Wirtschaftsressorts eine zwar schwierige, aber in manchen Belangen doch zielführende Zusammenarbeit entwickelt. Ich hoffe, daß sich diese Kooperation auch unter der Mehrheitsregierung fortsetzen läßt.

Von zentraler Bedeutung wird es sein, welchen Kurs die neue Regierung in der Finanzpolitik steuern wird. Die bisherige Politik kann nicht mehr fortgesetzt werden, weil sie zu Entwicklungen führt, die das marktwirtschaftliche System bedrohen. Durch immer neue Umverteilungsprogramme hat sich der Anteil des Staats am Volkseinkommen bisher ständig vergrößert. Allen werden immer mehr Steuern abgenommen, damit andere Zuschüsse gewährt werden können. Das Ergebnis ist ein heute bereits unüberschaubares System von Subventionen und Unterstützungen, bzw. eine Steuer- und Abgabenbelastung von fast 40% des Bruttonationalproduktes. Daß die Steuerbelastungsquote unter keinen Umständen mehr weiter steigen darf, muß zum Grundsatz jeder finanzpolitischen Überlegung werden. Damit ist auf der einen Seite der finanzielle Rahmen gegeben, in dem sich das Regierungsprogramm bewegen darf. Auf der anderen Seite ergibt sich die Begrenzung durch eine Staatsschuldenpolitik, die die bedrohte Stabilität unserer Währung stärker als bisher berücksichtigen muß.

Angesichts der großen Zukunftsaufgaben, die erhebliche finanzielle Mittel fordern werden, ist in den gegebenen, engen Grenzen kein Platz für Lizitationspolitik.

In der Steuerpolitik verlangt die Wirtschaft eine stärkere Leistungsorientierung.

Das Einkommensteuersystem bedarf dringend einer grundlegenden Reform, die möglichst Zug um Zug mit der Einführung der Mehrwertsteuer in Kraft treten soll. Die kleinen Steuerreformen der letzten Jahre haben zwar in unteren Bereichen geringe Erleichterung gebracht, die Progression des Gesamttarifs aber erheblich verschärft. Die leistungshemmende und kapitalfeindliche Wirkung dieser Steuerreform ist evident.

Aber nicht nur die hohe Besteuerung wirkt dem Leistungsprinzip entgegen, auch das ständige Steigen der Lohnnebenkosten ist eine der Ursachen für die zunehmende Abwanderung qualifizierter österreichischer Arbeitskräfte ins benachbarte Ausland, wo nicht zuletzt wegen der geringen Lohnnebenkosten die Nettoauszahlungen höher sind. Der Widerstand gegen eine Erhöhung der Lohnnebenkosten wäre bei den Arbeitnehmern sicherlich viel stärker, wenn die Betriebe Bruttolöhne auszahlen könnten und die Lohnempfänger ihre Abgaben mit Erlagschein selbst einzahlen müßten. Dann käme ihnen so richtig zu Bewußtsein, wieviel ihnen der Staat an Steuern und Abgaben abverlangt.

Die neue Regierung wird in der Steuerpolitik auch ernstlich darangehen müssen, die steuerliche Diskriminierung des Beteiligungskapitals gegenüber Anlageformen der Fremdfinanzierung zu beseitigen. Meiner Meinung nach sollte die Bildung von haftendem Risikokapital sogar stärker gefördert werden als andere Sparformen. Ich denke hier an die steuerliche Förderung von Finanzinvestitionen in andere Betriebe und an eine Milderung der Doppelbesteuerung. Es gibt in der Bundeskammer schon ziemlich ausgereifte Vorstellungen auf diesem Gebiet, die auch das Ziel einer breit gestreuten Vermögensbildung berücksichtigen.

Größtes Gewicht legt die Wirtschaft auch darauf, daß die Budgetpolitik längerfristig konzipiert wird. Die großen Gemeinschaftsaufgaben der Zukunft, wie Umweltschutz und Ausbau der Infrastruktur, werden eine Umschichtung der Staatsausgaben von den Konsum- und Transferausgaben zu den Investitionen erfordern. Das bedeutet, daß die Sozialausgaben in Hinkunft nicht mehr, so wie bisher, überproportional steigen können. Das bedeutet aber auch, daß die Regierung mit der Verwaltungsreform ernst machen muß und nicht weiterhin, wie in der letzten Legislaturperiode, Tausende zusätzliche Dienstposten schaffen darf.

Ich habe mich absichtlich auf die wesentlichen und vordringlichsten Forderungen der Wirtschaft an die Regierung beschränkt, weil ich der Auffassung bin, daß diese Forderungen Priorität haben müssen, wenn Österreich zu einem modernen Industriestaat werden soll. Wir erwarten von der neuen Bundesregierung eine leistungs- und nicht eine verteilungsorientierte Wirtschaftspolitik.

170

Persönliche Freiheit und wirtschaftliche Freiheit

Rede vor der Bundeskonferenz der Wirtschaft

8. November 1972

Ich hoffe, daß es uns in der diesjährigen Bundeskonferenz der Wirtschaft gelungen ist, der Öffentlichkeit wieder einmal bewußt zu machen, daß hinter den großen Leistungen der österreichischen Wirtschaft letztlich Menschen stehen, die hart arbeiten, die tagtäglich Entscheidungen treffen, Verantwortung tragen und Initiative haben müssen.

Mit unserem Motto „Sie und wir – die Wirtschaft sind wir alle", wollen wir eindringlich darauf hinweisen, daß hinter allen Erfolgen in der Produktion, im Export, im Fremdenverkehr, aber auch in der permanenten Steigerung der Masseneinkommen und des Konsums die Leistung der Unternehmer und aller ihrer Mitarbeiter – der Arbeiter und Angestellten – steht.

Hier erscheint es besonders wichtig, darauf hinzuweisen, daß die Grundlagen unseres Wohlstandes die Leistungen aller in der Wirtschaft Tätigen sind. Die moderne Wirtschaft und Gesellschaft ist so kompliziert geworden, daß diese einfache Tatsache oft vergessen oder zumindest verdrängt wird. Man kann sich des Eindrucks nicht erwehren, daß die Regierung allzugerne über diese Tatsache hinwegsieht und in ihrer Politik so tut, als ob der Wohlstand sich selbst produzierte und nur nach ihrem Gutdünken zu verteilen wäre. Das Ergebnis dieser wirtschaftspolitischen Einstellung ist eine inflationäre Entwicklung, begleitet von zahllosen wirtschaftsfeindlichen Eingriffen, die unsere Wirtschaftsordnung bedrohen und das Fundament unseres Wohlstandes untergraben.

Die Lage beginnt ernst zu werden. Es hat den Anschein, daß die Wirtschaftspolitik gegenwärtig im Vertrauen darauf gemacht wird, daß die Mehrheit der Bevölkerung nichts von den wirtschaftlichen Grundzusammenhängen versteht. Wie sonst könnte die Regierung munter weiter inflationieren und gleichzeitig die Bevölkerung anspornen, bei Zinsen, die bereits unter der Inflationsrate liegen, fleißig zu sparen. Wie sonst könnte die Regierung weiterhin ein hohes Wirtschaftswachstum versprechen, gleichzeitig aber eine Steuerreform durchführen, die ausgesprochen leistungsfeindlich ist.

Wir werden als jene hingestellt, die Preissteigerungsanträge stellen, wir werden als Preistreiber deklariert, wir boykottieren angeblich den Konsumenten, wir schlucken alle Zollsenkungen, wir halten keine Preisdisziplin und was es sonst noch an demagogischen Floskeln gibt.

Wir sind stolz darauf, daß auf Grund unserer Konkurrenzfähigkeit ein Drittel des österreichischen Bruttonationalproduktes auf internationalen Märkten erzielt wird. Wir sind stolz darauf, daß der österreichische Fremdenverkehr Weltruf genießt und unsere Zahlungsbilanz ausgleicht.

Wir können aber nicht umhin, darauf zu verweisen, daß die Konkurrenzfähigkeit unserer Wirtschaft beim gegenwärtigen Kosten- und Preisauftrieb gefährdet ist. Belastungen haben ihre Grenzen. Wir liegen heute mit

Anläßlich des 70. Geburtstages mit Bundespräsident Dr. Kurt Waldheim, Bundeskanzler Dr. Franz Vranitzky und Vizekanzler und Bundesparteiobmann Dr. Alois Mock, 1986

Medienempfang im „Haus der Wirtschaft", mit Dr. Franz Ferdinand Wolf, Oskar Bronner, Ernst Wolfram Marboe, Johannes Kunz und Dr. Horst Friedrich Mayer, 1989

Überreichung des Ehrenrings der technischen Universität Wien, 13. 6. 1989

Mit Bundeswirtschaftskammer-Vizepräsidentin Ingrid Tichy-Schreder vor dem Kapitol in Washington, 1981

unserer Globalsteuerlast im Spitzenfeld der westlichen Industrieländer. Die Wirtschaft lebt aber von der Leistungsfreude des einzelnen und damit vom Anreiz des frei verfügbaren Einkommens. Sie lebt auch davon, was investiert werden kann, denn die Dynamik der Entwicklung verlangt nicht nur eine ständige Anpassung, sondern auch die nötigen Finanzierungsmittel für neue Produktions- und Fertigungsmethoden. Wenn die Eigenmittel der Unternehmer schwinden, verlangsamt sich der Investitionsprozeß und damit die Dynamik unserer wirtschaftlichen Entwicklung, denn: Belastungen haben ihre Grenzen.

Der Staat greift heute immer mehr nicht nur in das Wirtschaftsleben, sondern auch in die Privatsphäre des einzelnen ein. Der Unternehmer muß auch Versicherungsbeiträge einheben, Abgaben entrichten, Statistiken erheben und Formulare ausfüllen. 26 verschiedene Steuerarten belasten den Fremdenverkehr, kaum jemand kann mehr alle Vorschriften kennen, der Gang um behördliche Genehmigungen ist ein Irrweg geworden und der Staatsbürger ist heute weniger mit Rechten ausgestattet als Grenzen unterworfen. Damit wird der freie Mensch zum Untertan, der Unternehmer zum Staatsbuchhalter. Die Verwirrung durch Unsicherheit, die Angst vor der Behörde trifft vor allem die Wirtschaft.

Ein leistungsfähiger, moderner Industriestaat braucht nicht nur den Einsatz materieller Mittel, sondern auch schöpferischen Geist, um im Wege von Forschung und Erfindung neue Probleme zu bewältigen und neue Wege für die Zukunft zu suchen. Die Menschen in einem modernen Industriestaat brauchen aber auch ein Gefühl der Geborgenheit, des Wohlbehagens und der

Freude am Leben. Die Wirtschaft lebt in ihrer Leistungskraft nicht zuletzt davon, inwieweit sich Menschen in einem Staat und einer Gesellschaftsordnung wohlfühlen. Sie müssen sich mit den Aufgaben und Zielen des Staates identifizieren können. Wenn aber die Politik nicht mehr dem Menschen dient, sondern den Staat als Hebel für die Verwirklichung einer sozialistischen Gesellschaftsordnung benutzt und wenn unter dem Vorwand der Sicherheit die Freiheit verringert wird, dann ist Gefahr im Verzug. Wenn die Freiheit des Wirtschaftens eingeschränkt wird, die Polizei an die Stelle des Marktmechanismus tritt und staatliche Kontrolle das Vertrauen ersetzen soll, dann ist auch die ökonomische Freiheit gefährdet. Wo es aber keine ökonomische Freiheit gibt, fällt auch die persönliche Freiheit. Wo an die Stelle der Übereinstimmung der politische Zwang tritt, ist die Atmosphäre vergiftet, denn auch diese Belastungen haben ihre Grenzen.

Eine wesentliche Grundlage der wirtschaftlichen Entwicklung ist die freie Verfügbarkeit über das Eigentum. Wir müssen feststellen, daß sich heute eine Tendenz breit macht, die das Eigentum gefährdet. Was bestimmte ideologische Modelle gerade im Bereich des Eigentums nicht nur für die Wirtschaft, sondern für die gesamte Bevölkerung eines Landes bedeuten, kann mühelos unweit von hier jenseits unserer Grenzen gesehen werden.

Ich habe Ihnen einige Entwicklungen in der gegenwärtigen Politik aufgezählt, die wir in der Wirtschaft mit großer Besorgnis verfolgen. Die tägliche Konfrontation mit neuen Belastungen zwingt uns zu handeln. Wir werden dort, wo wir können, das Gespräch suchen, wir werden dort, wo es möglich ist, Kompromisse schließen und wir werden dort, wo man uns bekämpft, ebenso kämpfen müssen, und zwar mit vollem Einsatz. Wir sehen es gegenwärtig als unsere wichtigste Aufgabe an, alle jene anzusprechen und politisch zu mobilisieren, die sich zur sozialen Marktwirtschaft und zum Leistungsprinzip bekennen. In der heutigen Situation genügt es für den Unternehmer nicht mehr, seinen Betrieb nach modernsten wirtschaftlichen Grundsätzen und Methoden zu führen, wenn das ganze Wirtschafts- und Gesellschaftssystem bedroht ist. Es wird ihm auf längere Sicht wenig nützen, etwa das bessere Produkt zum günstigeren Preis auf den Markt zu bringen, wenn der Staat die Gewinne fast zur Gänze wegsteuert und ihm damit weitere Investitionsmöglichkeiten nimmt. Es hilft uns nicht, wenn der Unternehmer noch so tüchtig ist, der Staat aber darauf abzielt, die Entscheidungsfreiheit des Unternehmers mehr und mehr einzuschränken.

Das persönliche politische Engagement des Unternehmers ist heute ebenso wichtig wie seine unternehmerische Tüchtigkeit. Wenn wir unser wirtschaftliches und gesellschaftliches System mit Erfolg verteidigen wollen, müssen wir aktiv ins politische Geschehen eingreifen. Dazu reicht die Verteidigung der marktwirtschaftlichen Gegensätze nicht aus, wir müssen vielmehr selbst Vorschläge erarbeiten, wie die soziale Marktwirtschaft zukünftigen Erfordernissen angepaßt und weiterentwickelt werden kann.

Es hat uns zwar niemand offen den Kampf angesagt, niemand hat offen erklärt, daß die soziale Marktwirtschaft abgeschafft werden soll. Trotzdem findet im Stillen eine schleichende Demontage der Marktwirtschaft statt. Vor allem ist es die zunehmende Technokratie und Bürokratie, in der man dazu neigt, den Menschen und die Wirtschaft für konstruierbar zu halten. Das Leben läßt sich aber nicht mathematisieren und die Zukunft nicht zur Gänze voraussagen.

Man erblickt in dem freien Willen des Menschen, sich einen höheren Lebensstandard zu schaffen, einen einseitigen Leistungsdruck und einen von der Wirtschaft erzeugten Konsumzwang. Sicher gibt es überall Auswüchse, auch in der Werbung und in der Wirtschaft. Doch darin kann weder ein Argument noch ein Grund gesehen werden, die Freiheit des Einzelnen, die freie Entscheidung in der Gemeinschaft zu liquidieren.

Das Bestreben der Regierung, den Leistungswillen und die Eigenverantwortlichkeit des Menschen durch den totalen Wohlfahrtsstaat zu ersetzen, ist in unserer Zeit einer der größten Angriffe auf die freie Gesellschaft. Am deutlichsten wurde das Ziel dieser Wohlfahrts- und Gleichheitsideologie im schwedischen Alva-Myrdal-Report formuliert, der immer wieder in Parlamentsdebatten zitiert wird. Dort wird ganz klar ausgesprochen, daß es nicht genügt, wenn alle Menschen in einer Gesellschaft gleiche Chancen haben; man will vielmehr die materielle Gleichstellung aller Menschen ohne jegliche Berücksichtigung des Leistungsprinzips – das heißt ohne Rücksicht auf individuelle Begabungs-, Leistungs- und Bildungsunterschiede – erreichen. Was eine solche Politik in der Praxis bedeutet, kann man nicht oft und klar genug aufzeigen. Das Hauptinstrument zur Gleichmacherei ist die Steuerpolitik. Durch eine wachsende Besteuerung wird das persönliche Einkommen immer weniger von der persönlichen Leistung bestimmt und hängt immer mehr von steuerlichen Sonder- und Ausnahmeregelungen und von staatlichen Zuschüssen ab.

Die mit dem wachsenden Umverteilungsmechanismus angeheizte Inflation tut ein übriges; sie setzt den Sparwillen herab, entwertet die Vermögen der kleinen Sparer und beschneidet infolge der Scheingewinnbesteuerung die Eigenkapitalbasis der Unternehmen. Der Alva-Myrdal-Report leugnet diese Konsequenzen der Nivellierungspolitik keineswegs. Das Ziel einer solchen Politik ist also klar: Einem reichen und mächtigen Staat, der das Dasein seiner Bürger nach seinem Gutdünken gestaltet, stehen unfreie und ohnmächtige Steuerzahler gegenüber.

Eine weitere Herausforderung für die Wirtschaft sehe ich in den Überlegungen der Zukunftsforscher, die infolge der Knappheit von Rohstoffen, des Ansteigens der Bevölkerung und der zunehmenden Umweltverschmutzung das Ende der Zivilisation und des Wohlstandes voraussagen und daher für ein Wachstum Null plädieren. Die Problematik liegt zweifellos nicht im blinden Wachstumsglauben, sondern im steten Wunsch des Menschen, ein Mehr zu erhalten. Um ihn dazu zu bringen, daß dieses Mehr in ein „Besser" umgedeutet werden kann, dafür ist kein Wachstumsstopp erforderlich, sondern eine Qualitätserhöhung. Qualität bedeutet aber auch mehr Leistung und nicht unbedingt eine Zunahme staatlicher Eingriffe, bedeutet mehr Eigenvorsorge, nicht eine Zunahme der Abhängigkeit. Wir sollten uns nicht wie die Maschinenstürmer des vergangenen Jahrhunderts verhalten. Das Rad der Geschichte läßt sich nicht zurückdrehen. Wir müssen aber die Entwicklung beeinflussen.

Ich sehe auch eine Herausforderung darin, wenn von der Qualität des Lebens die Rede ist. Vor allem dann, wenn wir darunter weitere soziale Maßnahmen verstehen. Aber eine Qualität des Lebens verlangt auch eine Qualität der Produkte. Eine Qualität der Produkte wieder können wir nur erreichen, wenn die Qualität unserer wirtschaftlichen Leistungen steigt, und hier muß die Wirtschaft auch Forderungen anmelden. Forderungen an die Bildungseinrichtungen, Forderungen an die Infrastruktur, Forderungen an Staat und Verwaltung.

Eine moderne Wirtschaft hat nicht nur Entwicklungen zu bewältigen, sondern muß selbst neue Entwicklungen einleiten. Im Wettbewerb ist es wichtig, den anderen eine Spur voraus zu sein.

Die gesellschaftspolitischen Probleme gewinnen in der Zukunft immer stärker an Bedeutung. Daraus leiten wir das Recht und die Pflicht ab, uns mehr und mehr mit Fragen auseinanderzusetzen, die über die Wirtschaft hinausreichen.

Die soziale Marktwirtschaft ist keine Wiederaufbauideologie, die nun ihre Schuldigkeit getan hat, sondern ein Modell eigener Art, das aus den Komponenten des freien Wettbewerbs und des sozialen Ausgleichs besteht. Politik und Wirtschaft müssen mehr dazu beitragen, die Entfaltung des Menschen zu ermöglichen und ihm die Chance der Selbstverwirklichung zu geben.

Gerade die Wirtschaft weiß einzuschätzen, daß der Sinn des Lebens für die Menschen über die materielle Existenz hinausweist. Das ist für uns ein Ansporn, mit unseren Möglichkeiten die frei entscheidende Persönlichkeit des Menschen zu stärken und aktiv an der Verbesserung der Lebensbedingungen aller mitzuwirken. Wir haben die Verpflichtung, einen Beitrag zum Gemeinwohl zu leisten.

Unsere Visitenkarte wird nicht nur durch die glanzvollen Zeugen einer Architektur oder die Leistung der

Künstler bestimmt, sondern auch durch die Beiträge zur weiteren Entwicklung des Menschen. Mögen sie in den Leistungen österreichischer Firmen, bei der Raumfahrt, im Bereich der Atomenergie oder in neuen Erfindungen liegen, die zur Bewältigung unserer Probleme dienen. Dazu ist es notwendig, grundsätzliche Überlegungen für die Zukunft anzustellen. Im Bereich der Bildung wird es notwendig sein, derzeit bestehende Schwerpunkte zu verlagern. Insbesondere werden sich diese Anstrengungen auf die Mittelschulbildung konzentrieren müssen, um die Maturanten zur Übernahme von Funktionen in der Wirtschaft echt zu befähigen. Auch im Bereich der Hochschulbildung ist in Zukunft die Berufsausbildung stärker in den Vordergrund zu rücken.

Besondere Bedeutung wird in Zukunft die betriebseigene Forschung haben. Wir müssen daher den bestehenden Engpaß in der Dotierung der Forschung abbauen, alle Möglichkeiten in den Unternehmen mobilisieren und einen entsprechenden Einsatz staatlicher Mittel verlangen. Der Aufwand für die Forschung müßte etwa auf 1,4% des Bruttonationalproduktes steigen.

Die Aufnahme engerer wirtschaftlicher Beziehungen zu den Europäischen Gemeinschaften wird keine Isolierung unseres Landes zulassen, sondern eine Öffnung Österreichs verlangen, die zielstrebig angesteuert werden soll. Als kleines Land kann man auf die Dauer nicht von Export und Tourismus träumen, wenn man nicht die Kommunikation, also die Verbindung nach außen, durch eine Öffnung zu Europa und der Welt durchsetzt. Wir müssen uns auch unserer traditionellen Beziehungen zu den Ostblockländern stärker bewußt sein und unser Engagement in den Entwicklungsländern als besondere Aufgabe Österreichs ansehen.

Es gilt aber auch die Isolierung des einzelnen zu überwinden. Die Möglichkeit des Menschen werden nur dann ausgenutzt werden, wenn wir im Verhältnis zueinander bereit sind, informationsfreudiger und offener zu werden, eine Bereitschaft zur Zusammenarbeit an den Tag zu legen und die individuelle Leistung in das Team-work einzugliedern. Hier liegt die Chance der Mitbestimmung, weil sie auch Mitverantwortung bringt. Wir müssen übersichtliche Arbeitsbereiche schaffen, die von autonomen Gruppen in Eigenverantwortung betreut werden können. Dies erleichtert auch die Identifikation des einzelnen mit seiner Arbeit, da er unmittelbar mit ihrem Ergebnis konfrontiert wird. In solchen autonomen Teams wird einerseits Mitbestimmung erst sinnvoll und andererseits kommt es zu jener Form der Kooperation, bei der jeder einzelne in seinem Mitarbeiter weniger stark den Konkurrenten als vielmehr den Partner zur Bewältigung gemeinsamer Aufgaben sieht. Damit wird nicht nur Informationsfreudigkeit, Offenheit und Aussprechen von Gegensätzen erzielt, sondern auch Rücksicht, Verständnis und persönliche Wertschätzung erreicht.

Ein weiteres Kapitel ist der Förderung zukunftsbezogenen Denkens zu widmen. Der kurzfristige Stil im Denken und im Handeln, nämlich Dringendes vor Wichtigem zu sehen, muß durch eine Forcierung von zukunftsbezogenen langfristigen Vorhaben überwunden werden. Hierher gehört die Forschung, die Entwicklungshilfe, die Raumplanung, die Strukturpolitik und Prospektivstudien für einzelne Branchen unserer Wirtschaft.

Wie bedeutend dieser neue Weg zur Verbesserung unserer gesellschaftlichen Strukturen ist und damit eine

Qualität des Lebens geschaffen werden kann, hat in einem Bereich unserer Gesellschaft die Sozialpartnerschaft gezeigt. Mit der Sozialpartnerschaft haben wir einen Weg eingeschlagen, wo klares und offenes Aussprechen der sachlichen Gegensätze – verbunden mit einer persönlichen Wertschätzung zwischen den Partnern – vorhanden ist, und wo wir versuchen, ein zukunftsbezogenes Denken und Handeln zum Wohle Österreichs in den Mittelpunkt zu stellen.

Ich könnte mir vorstellen, daß wir auf dieser Ebene bei gutem Willen aller Beteiligten an unserem Wirtschaftssystem weiterbauen könnten. Voraussetzung ist allerdings, daß ein wesentliches Element der sozialen Marktwirtschaft, nämlich die Leistung des Unternehmers, anerkannt wird und von der Regierung keine Maßnahmen gesetzt werden, die den freien Unternehmer in seiner Existenz bedrohen.

Ich rufe daher dazu auf, zu erkennen daß die persönliche Freiheit auch eine ökonomische Freiheit voraussetzt. Wenn einmal der freie Unternehmer als tragendes Element der marktwirtschaftlichen Ordnung verschwindet, dann ist es auch um die persönliche Freiheit jedes einzelnen Bürgers in unserem Land schlecht bestellt.

Soziale Marktwirtschaft und privates Unternehmertum

Rede beim Marktwirtschaftskongreß 1982

21. April 1982

Ich freue mich, daß der von der Bundeskammer veranstaltete Marktwirtschaftskongreß so großen Anklang findet und daß ich heute mehr als 400 Teilnehmer hier in Innsbruck begrüßen kann. Es waren mehrere gewichtige Gründe, die uns dazu veranlaßt haben, erstmals einen Österreichischen Marktwirtschaftskongreß abzuhalten. Vor allem wollen wir der Öffentlichkeit neuerlich ins Bewußtsein rufen, daß die Soziale Marktwirtschaft die Basis für Wohlstand, Vollbeschäftigung und Soziale Sicherheit ist. Wir wollen auch aufzeigen, daß dieses System immer stärker gefährdet wird.

In der Wirtschaft werden immer mehr Maßnahmen gesetzt, die gegen marktwirtschaftliche Prinzipien verstoßen und die Marktkräfte schwächen.

In manchen Bereichen nehmen staatliche Eingriffe und Dirigismen bereits soweit überhand, daß die private Initiative und die unternehmerische Entscheidungsfreiheit empfindlich eingeengt werden.

Wir sind der Auffassung, daß wir auf die Soziale Marktwirtschaft nicht verzichten können und daß sie nicht zerstört werden darf. Die Soziale Marktwirtschaft ist, wie ich schon betont habe, die Grundlage für unseren Wohlstand und für die Soziale Sicherheit; sie garantiert den Menschen ein hohes Maß an wirtschaftlicher Unabhängigkeit und persönlicher Freiheit und sie ist auch die Basis für eine lebendige Demokratie.

Die Handelskammerorganisation ist in den letzten Jahren intensiv bemüht, die Vorteile der Marktwirtschaft in der Öffentlichkeit klarzulegen und eine Politik durchzusetzen, die sich wieder an marktwirtschaftlichen Grundsätzen orientiert.

Zu diesem Zweck hat die Handelskammerorganisation 1978 ein Grundsatzprogramm erarbeitet, in dem unser Bekenntnis zur Sozialen Marktwirtschaft und zum freien Unternehmertum dargelegt und begründet wird. Und diesem Zweck soll auch der Österreichische Marktwirtschaftskongreß dienen. Wir wollen mit diesem Kongreß die Gelegenheit schaffen, marktwirtschaftliche Problemlösungen und Instrumente kritisch zu analysieren und neue Lösungsansätze zu finden.

Die Menschen in unserem Land haben die Vorteile dieses Systems klar erkannt. Dazu gehört die freie Konsum- und Arbeitsplatzwahl, der freie Wettbewerb, die Anerkennung von Leistung, die freie Entfaltung unternehmerischer Initiative, das breite Angebot von Waren und Dienstleistungen, der steigende Wohlstand und der liberale Außenhandel. Erst eine leistungsfähige, ertragreiche und initiative Wirtschaft hat es ermöglicht, ein großes Ausmaß an Sozialer Sicherheit zu verwirklichen.

Wachstumsstörungen, wirtschaftliche Schwierigkeiten und Arbeitsmarktprobleme, die erstmals in der zweiten Hälfte der siebziger Jahre aufgetreten sind, haben zu wirtschaftspolitischen Fehlreaktionen geführt. Statt die Leistungskraft zu stärken und die unternehmerische Initiative zu mobilisieren, hat die Regierung versucht, den Schwierigkeiten mit verstärkten Staatseingriffen zu begegnen. Man hat für die wirtschaftlichen Krisenerscheinungen vor allem das marktwirtschaftliche System verantwortlich gemacht. Der Staat hat begonnen, immer mehr Einfluß auf die Investitionsentscheidungen, auf die Unternehmensfinanzierung, auf die Wirtschaftsstruktur und auf den Arbeitsmarkt zu nehmen. Jeder neue Dirigismus wurde mit der Erhaltung der Vollbeschäftigung gerechtfertigt. Damit wurde ein antimarktwirtschaftlicher Kurs eingeschlagen, dessen Auswirkungen uns heute schwer zu schaffen machen.

Der wachsende Staatseinfluß auf die Wirtschaft ist sicherlich bewußt geplant – die negativen Begleiterscheinungen, nämlich zerrüttete Staatsfinanzen, sinkende Wettbewerbsfähigkeit und steigende Arbeitslosenzahlen, sind aber ein zu hoher Preis für diese Politik.

Ich möchte hier in aller Deutlichkeit sagen: Vollbeschäftigung kann nicht gegen die Marktwirtschaft, sondern nur durch die Marktwirtschaft erreicht werden. Das heißt, wir haben nur dann eine Chance auf einen neuen wirtschaftlichen Aufschwung, auf sichere Arbeitsplätze, auf einen breiten Wohlstand und auf die Erhaltung der Sozialen Sicherheit, wenn die Wirtschaftspolitik die unternehmerische Initiative in unserem Land fördert.

Eine marktwirtschaftlich orientierte Politik muß sich aktiv für mehr Wettbewerb, für eine Stärkung des Eigenkapitals, für mehr Entscheidungsfreiheit und Verantwortung des Unternehmers und für das Leistungsprinzip in allen Bereichen einsetzen.

Besonders wichtig erscheint mir eine aktive Eigentumspolitik.

Wir brauchen nicht mehr Staat, wir brauchen nicht mehr Bürokratie, wir brauchen mehr unternehmerische Freiheit. Je weniger Staat wir haben, umso stärker kann sich die Leistung entfalten. Das gilt für die Unternehmer ebenso wie für die Arbeitnehmer. Leistung muß anerkannt und auf dem Markt entlohnt werden.

Betriebe, die Erträge erwirtschaften und Arbeitnehmer, die mit ihren Fähigkeiten und mit ihrer Arbeit hohe Einkommen erzielen, haben die Gewißheit, daß ihre Leistungsbereitschaft und ihr Leistungswille sinndvoll sind. Wenn Leistung allerdings bestraft und behindert wird, entmutigt man die Menschen, Neues zu wagen, mehr zu leisten und initiativ zu sein.

Ein wesentlicher Ansporn zur Leistung ist der freie Wettbewerb. Eine wichtige Voraussetzung für einen funktionierenden Wettbewerb ist der freie Zugang zum Markt und zum Unternehmerberuf. In Österreich ist die große Zahl der kleinen und mittleren Betriebe ein wichtiger Faktor für dynamische Märkte; ich möchte sogar sagen, daß die mittelständische Wirtschaft das Fundament einer marktwirtschaftlichen Ordnung ist. Deshalb gehört es seit eh und je zu den besonderen Anliegen der Handelskammerorganisation, daß der Lebensraum und die Entfaltungsmöglichkeiten für die kleinen und mittleren Unternehmer erhalten bleiben.

Der Unternehmer spielt in der Marktwirtschaft eine zentrale Rolle. Ohne private Unternehmer gibt es keine Marktwirtschaft. Die Unternehmer müssen aber auch bereit sein, für marktwirtschaftliche Prinzipien einzutreten und dieses System zu verteidigen. Denn ohne Marktwirtschaft gibt es auch kein freies Unternehmertum.

Der Marktwirtschaftskongreß 1982 bietet die Chance, die Vorteile und die Leistungsfähigkeit der marktwirtschaftlichen Ordnung neuerlich bewußt zu machen. Die Arbeit auf diesem Kongreß kann dazu beitragen, das System der Sozialen Marktwirtschaft weiter zu entwickeln und das Augenmerk besonders auf marktwirtschaftliche Lösungen für neue Probleme zu richten.

Zum 40jährigen Bestehen der Bundeswirtschaftskammer

Rede anläßlich der Festsitzung des Kammertages

3. Dezember 1986

Wir begehen heute feierlich das 40jährige Bestehen der Bundeswirtschaftskammer. Es ist für unsere Organisation eine große Ehre, daß so viele prominente Persönlichkeiten aus Politik und Wirtschaft an unserer Jubiläumssitzung des Bundeskammertages teilnehmen. Die Gründer der Bundeswirtschaftskammer haben von Anfang an ihren Blick nach vorne gerichtet und ihre Aufmerksamkeit der wirtschaftlichen Zukunft unseres Landes gewidmet. Damit haben sie einer raschen und guten Entwicklung der österreichischen Wirtschaft den Weg bereitet.

Deshalb möchte ich heute zuerst mit tiefem Dank des Gründers Julius Raab gedenken. Er hat die starke, gesetzlich verankerte Interessenvertretung der Wirtschaft geschaffen. Er hat die Handelskammerorganisation immer als wichtigen Bestandteil des politisch-demokratischen Lebens in unserem Land betrachtet und sie auch in diese Richtung gewiesen.

Julius Raab ist seiner unverbrüchlichen Überzeugung gefolgt, daß eine starke, einige Wirtschaft und eine leistungsfähige, gesellschaftspolitisch anerkannte Unternehmerschaft wesentliche Fundamente für die wirtschaftliche und politische Freiheit und für den Wohlstand in unserem Lande sind.

Unser Dank gilt auch seinem ersten Nachfolger, Franz Dworak, der die Geschicke der Bundeskammer geleitet hat, als Julius Raab als Bundeskanzler an der Spitze unserer Regierung stand und unserem Land den Staatsvertrag und damit die verbriefte Freiheit, Selbständigkeit und Unabhängigkeit gebracht hat.

In der Zeit der Präsidentschaft von Julius Raab und Franz Dworak war es das wichtigste Anliegen in Wirtschaft und Politik, in Österreich den Übergang von der Nachkriegswirtschaft in ein dynamisches, marktwirtschaftliches System zu finden und Impulse für einen raschen wirtschaftlichen Fortschritt zu setzen. Die Präsidenten hatten für diesen Weg einen dynamischen, ideenreichen Partner, der seine Vorstellungen zuerst als Leiter der Wirtschaftspolitischen Abteilung der Bundeskammer und dann vor allem als Finanzminister entwickelt hat, unseren Reinhard Kamitz.

Ich freue mich, daß wir ihm heute bei unserem Jubiläum noch einmal persönlich für die Einleitung des „Raab-Kamitz"-Kurses danken können. In dieser Phase der österreichischen Wirtschaftspolitik wurde der wichtigste Grundstein für die Modernisierung und Wettbewerbsfähigkeit unserer Wirtschaft gelegt. Investitionsbereitschaft, Erneuerung, solide Eigenkapitalausstattung und Stärkung der betrieblichen Substanz waren die Merkmale eines wirtschaftspolitischen Kurses, der so erfolgreich auf den Vorrang privater Initiative gegenüber staatlichen Interventionen gesetzt hat. Wir könnten für eine neue und moderne Wirtschaftspolitik in unserer Zeit kein besseres Vorbild finden.

Ich möchte es bei unserem 40jährigen Jubiläum nicht mit Gedanken an unsere Vergangenheit bewenden lassen. Das wäre nicht in meinem Sinne und auch nicht

Mit der Unternehmerin und (heutigen) Präsidentin der Handelskammer Salzburg, Dr. Helga Rabl-Stadler, 1. 12. 1980

Abschieds-Abend des Österreichischen Wirtschaftsbundes für Präsident Rudolf Sallinger, mit Bundesparteiobmann Dipl.-Ing. Josef Riegler, Wissenschaftsminister Dr. Erhard Busek, Handelskammer-Präsident Ing. Karl Dittrich und Präsident Anton Benya, Sept. 1989

Bei der Verleihung des Rudolf Sallinger-Preises im Dezember 1991

Ein halbes Jahr nach seinem Tod (7. März 1992) ehrt die Stadt Wien Rudolf Sallinger durch die Benennung des Platzes vor dem Wiener Gewerbehaus in Wien 3 in „Rudolf Sallinger-Platz" (Bürgermeister Dr. Helmut Zilk, Wiener Handelskammer-Präsident Walter Nettig, Bundeswirtschaftskammer-Präsident Ing. Leopold Mader-thaner und Wirtschaftsminister Dr. Wolfgang Schüssel) 2. 9. 1992

im Sinne meiner Vorgänger, die immer die Zukunft im Auge hatten.

Die Vergangenheit hat uns eine wichtige Lehre und einen unwiderlegbaren Beweis für die Zukunft mitgegeben:

Die Bundeswirtschaftskammer kann die Interessen der Wirtschaft am besten vertreten, wenn wir uns einerseits die Unabhängigkeit, andererseits von dieser Plattform aus die Gesprächsbereitschaft und die Gesprächsfähigkeit gegenüber den Regierungen und den anderen großen gesellschaftlichen Gruppen erhalten. Wir verlangen von den Parteien, die in der Regierung und im Parlament mitwirken, daß sie Verständnis für wirtschaftliche Erfordernisse aufbringen. Wir fordern von ihnen allen, daß sie mit der Wirtschaft und nicht gegen die Wirtschaft arbeiten. Dieses Anliegen vertreten wir mit allen unseren Kräften nicht nur im Interesse der Bevölkerung. Eine Politik, die sich gegen die Wirtschaft richtet, schadet schließlich allen, den Unternehmern, den Arbeitnehmern, den Bedürftigen, der Jugend und den alten Menschen.

Die Bundeswirtschaftskammer hat ihre Prinzipien, ihre Vorstellungen und ihre gesellschaftspolitische Position im Grundsatzprogramm 1978 festgelegt. Auf dieser Basis werden wir unsere Arbeit auch in Zukunft fortsetzen.

Damit unser Wort Gewicht hat – in der Wirtschaft, in der Politik und in der Öffentlichkeit –, bedarf es einiger Voraussetzungen. Dazu brauchen wir in unserer täglichen Arbeit ein gutes Augenmaß für das Wesentliche. Unsere Wertvorstellungen von der Marktwirtschaft, vom freien Unternehmertum, vom Wettbewerb und vom sozialen Ausgleich müssen der Maßstab für unsere

Arbeit sein und bleiben. Dazu gehört manchmal auch der Verzicht auf populäre Aussagen, auf Augenblickserfolge und auf spektakuläre Aktionen, die einer sachlichen Prüfung nicht standhalten.

Dazu gehört vor allem Weitblick, Sachverstand und Seriosität.

Nur auf einem Fundament, das von unseren Werten geprägt ist, wird es uns auch möglich sein, flexibel zu reagieren, neue Entwicklungen einzuleiten und den wirtschaftlichen und gesellschaftlichen Fortschritt zu bewältigen.

Meine sehr geehrten Damen und Herren!

Eines brauchen wir ganz besonders: Ungeachtet der großen Aufgaben, die in Österreich vor uns liegen und deren Lösung die gesamte Bevölkerung betrifft, brauchen wir eine große, von Realismus getragene Zuversicht.

Es wird aller Kräfte und aller Anstrengungen bedürfen,
- das Wirtschaftswachstum zu stärken,
- den Bundeshaushalt in Ordnung zu bringen, die Verstaatlichte Industrie zu sanieren und die Steuerlast zu reduzieren,
- die mittelständischen Betriebe zu neuen Ideen, Investitionen und Risken zu ermutigen
- eine Internationalisierung der österreichischen Wirtschaft voranzutreiben,
- unsere Umwelt gesund und lebenswert zu erhalten und insgesamt
- ein besseres Wirtschaftsklima zu schaffen.

Mein Optimismus ist groß, aber nicht grenzenlos.

Ich weiß, daß Fehlentwicklungen, die die Politik in mehr als einem Jahrzehnt bewirkt hat, nicht in kurzer Zeit wettgemacht und ausgemerzt werden können. Ich verlange aber, daß die großen bestehenden Probleme realistisch und ungeschminkt betrachtet werden und ihre Lösung unverzüglich in Angriff genommen wird.

Ich schlage vor, es nicht weiter mit der Allmacht des Staates und der Vorherrschaft von Verwaltung und Bürokratie zu versuchen. Es sollte vielmehr die Leistungsfähigkeit der Wirtschaft, die unternehmerische Freiheit, der Ideenreichtum unserer Bevölkerung und der Tatendrang unserer Jugend herausgefordert und auf die Probe gestellt werden. Diese Probe wird – davon bin ich überzeugt – erfolgreich bestanden werden.

Das 40-Jahr-Jubiläum der Bundeswirtschaftskammer ist für uns ein historisch begründeter Anlaß, mit Zuversicht an die neuen Aufgaben heranzugehen. Diese Zuversicht wollen wir auch unseren Unternehmern, den Mitarbeitern und vor allem den jungen Menschen in unserem Land vermitteln.

Den österreichischen Unternehmern möchte ich sagen, daß sie nicht allein dastehen, sondern daß sie sich auf ihre einheitliche und geschlossene Interessenvertretung voll und ganz verlassen können.

Die Bundeskammer hat, das ist meine Überzeugung, in der Vergangenheit bewiesen, daß sie für die positive Gestaltung der Zukunft einen wichtigen Beitrag leisten kann.

Neujahrsbotschaft 1987

Presseaussendung zum Jahreswechsel

18. Dezember 1986

1987 werden in Österreich Weichen gestellt und wichtige Entscheidungen für die Zukunft zu treffen sein. Es besteht die Chance, daß eine neue Bundesregierung auf der Basis eines breiten Konsens mit Mut und Entschlossenheit an die Lösung der brennenden Probleme unseres Landes herangeht. Auch die Wirtschaft erwartet, daß endlich wieder solide wirtschaftspolitische Grundlagen für die Arbeit der Unternehmer, der Betriebe und der Mitarbeiter geschaffen werden.

Bescheidenheit, Effizienz, Verantwortungsbewußtsein und Realitätssinn sollten für die Handlungen einer künftigen Regierung bestimmend sein.

– Wir brauchen mehr Bescheidenheit in Politik und Staat, um die Staatsausgaben auf das Notwendigste zurückzudrängen und der privaten Initiative wieder mehr Raum zu geben.

– Effizienz muß in der Politik ein wichtiger Maßstab sein, damit die Staatsbürger von den Kosten für überflüssige Bürokratie, öffentliche Verschwendung und Dauersubvention entlastet werden.

– Die Regierung muß mit großem Verantwortungsbewußtsein auch unpopuläre, aber notwendige Maßnahmen zur Sanierung des Staatshaushaltes treffen und in Hinkunft auf die Allzuständigkeit des Staates verzichten.

– Mit nüchternem Realitätssinn muß es gelingen, die finanziellen Hauptprobleme unseres Landes – Budget, Verstaatlichte Industrie, Soziale Sicherheit – in den Griff zu bekommen, um sowohl den Staat als auch die Wirtschaft wieder auf solide Grundlagen zu stellen.

Der neue Beginn sollte dazu genützt werden, ein besseres wirtschaftliches Klima zu erzeugen. Marktwirtschaftliches Denken, Anerkennung der Leistung, mehr unternehmerische Freiheit und weniger bürokratische Fesseln sind unabdingbare Voraussetzungen für eine dynamische Wirtschaft.

Die Erhaltung und Gestaltung einer lebenswerten Umwelt ist ein Anliegen der gesamten Bevölkerung, das von der Regierung nicht länger vernachlässigt werden darf. Die Umweltpolitik soll nicht bürokratische Behinderungen zur Folge haben, sondern die Bevölkerung und die Wirtschaft zu neuen Initiativen herausfordern.

Als Interessensvertretung der Wirtschaft wollen wir erreichen, daß die Eigenständigkeit der Unternehmer gestärkt wird. Österreich wird die hohen Ansprüche, die die Zukunft an uns stellt, nur erfüllen können, wenn unsere Unternehmer die Chance haben, selbstbewußt, handlungsbereit, risikofreudig und weltoffen an ihre Aufgaben heranzugehen.

Im kommenden Jahr ist aufgrund der Prognosen mit einem mäßigen Wachstum, mit schwierigen Exportmärkten und mit zunehmenden Arbeitsplatzproblemen zu rechnen. Es wird aller Anstrengungen der Unternehmer und ihrer Mitarbeiter bedürfen, den hohen internationalen Anforderungen gerecht zu werden.

Die steigende Arbeitslosigkeit, vor allem bei der Jugend, dürfen wir nicht aus den Augen verlieren. Wir brauchen mehr Unternehmer, die Arbeitsplätze schaffen. Die Funktion der Unternehmer, Arbeit zu organisieren, wird immer wichtiger. Der Staat, das hat sich deutlich erwiesen, ist dazu auch mit hohem finanziellen Aufwand nicht in der Lage. Sein Beitrag zur Beschäftigungssicherung kann nur darin liegen, den Unternehmern mehr Beweglichkeit, mehr Gestaltungsfreiheit und mehr finanziellen Spielraum zu gewähren. Die Wirtschaft erwartet, daß 1987 ein neuer Weg in diese Richtung beschritten wird.

Zum Mittelstandsbericht der Bundesregierung

Rede im österreichischen Nationalrat

23. Februar 1984

Heute ist der Tag des Mittelstandsberichtes, wo über die Probleme und Leistungen der Klein- und Mittelbetriebe gesprochen wird. Für die österreichische Wirtschaft ist die heutige Debatte über den Mittelstandsbericht ein wichtiges Ereignis. Zum ersten Mal befaßt sich nämlich das Parlament mit einem Bericht über die Lage der kleinen und mittleren Betriebe in Österreich. Zum ersten Mal haben wir die Möglichkeit, der ganzen Bevölkerung die Arbeit und die Bedeutung, aber auch die Probleme der Klein- und Mittelbetriebe vor Augen zu führen. Lange Zeit ist man darüber hinweggegangen. Allzu lange hat man nicht gewußt, was sie für die Bevölkerung bedeuten. Heute wollen wir es sagen, um Verständnis werben und Freunde gewinnen.

Grundlage dieses Berichtes ist das von der ÖVP seit Jahren angestrebte Mittelstandsgesetz, das vor 2 Jahren vom Nationalrat einstimmig beschlossen wurde.

Das Bekenntnis zum Mittelstand allein hilft unseren Betrieben nur wenig. Wir erwarten deshalb, daß von der Regierung endlich auch Taten gesetzt werden. Es ist bedauerlich genug, daß es so lange gedauert hat, daß wir uns hier im Parlament mit diesem wichtigen Bereich der österreichischen Wirtschaft befassen. Die kleinen und mittleren Betriebe sind es, die die Wirtschaft in Schwung halten, die meisten Arbeitsplätze bereitstellen, den Großteil der Jugendlichen ausbilden und besonders anpassungsfähig sind. Wenn ich aus diesen Punkten die Jugend herausheben möchte, will ich zuerst den Betrieben und der Handelskammerorganisation danken. Jugend hat bei uns immer Vorrang, weil die Jugend unsere Zukunft ist.

Wenn man aber die Ausbildungsplätze bei der Verstaatlichten Industrie stärker fördert als bei den vielen Tausenden Klein- und Mittelbetrieben, dann stößt man sie vor den Kopf. Gerade diesen Unternehmen müßte man besonders danken. Das hat sich bei den krisenhaften Entwicklungen der letzten Jahre deutlich gezeigt.

Die 35-Stunden-Woche, Steuererhöhungen, Defizitabdeckungen und Subventionen für die Verstaatlichte Industrie, die Erhaltung veralteter Industriestrukturen sind offenbar für die Regierung von größerem Interesse als die Stärkung der mittelständischen Wirtschaft.

Ich habe den Eindruck, daß die Regierung noch immer nicht erkennt, wie lebenswichtig der klein- und mittelbetriebliche Bereich für Österreich ist.

Mittelstand ist wieder ein Begriff geworden. Im Gegensatz zur Regierung werden die Leistungen dieser Unternehmen in der Öffentlichkeit immer stärker anerkannt.

Ich möchte in aller Deutlichkeit feststellen, daß Mittelstandspolitik nicht nur der ganzen Wirtschaft dient und für mich Herzensangelegenheit ist. Auf den Mittelstandszug sind viele andere Gruppen aufgesprungen, wir waren aber immer die Lokomotive, die treibende Kraft. Wir werden auch nicht nachlassen, für die kleinen und mittleren Betriebe in unserem Land bessere

Bedingungen zu verlangen. Hier gibt es noch viel zu tun.

Der Mittelstand braucht zu seiner Entfaltung Anerkennung von Leistung, Bereitschaft zum Risiko, Innovation, Erleichterung der Eigenkapitalbildung, mehr Entscheidungsfreiheit in den Betrieben, weniger Bürokratie und Verwaltung und vor allem ein Klima, das zur unternehmerischen Leistung und zum Wagnis ermutigt.

Trotz aller Versprechungen wird der Mittelstand in unserem Land vielfach behindert: Ich denke an die Diskriminierung der Klein- und Mittelbetriebe bei Ausschreibungen und bei öffentlichen Förderungen. Auch die Arbeitsmarktpolitik ist in erster Linie auf Großbetriebe ausgerichtet, obwohl über 1 1/2 Millionen Menschen in kleinen Unternehmungen beschäftigt sind. Und dann müssen sie sich noch sagen lassen, daß sie ihre Betriebe nicht richtig führen und womöglich am Markt vorbeiproduzieren.

Bei einer Umfrage haben sich erst kürzlich 89% der Bevölkerung dafür ausgesprochen, daß Klein- und Mittelbetriebe stärker gefördert werden sollten; nur 7% sind für eine höhere Förderung von Großbetrieben eingetreten. Demgegenüber meinen 83%, daß sich der Staat viel mehr um Großbetriebe als um Kleinbetriebe kümmert.

Die Bedeutung der Klein- und Mittelbetriebe geht aber weit über die Wirtschaft hinaus. Für eine freie Gesellschaft ist nach unserer Auffassung eine starke mittelständische Wirtschaft unentbehrlich.

Wir sind uns alle darüber einig, daß Freiheit nicht nur in der freien Meinungsäußerung und im freien Wahlrecht bestehen kann. Unsere freie Wirtschafts- und Gesellschaftsordnung hat uns den heutigen Lebensstandard, eine Verbesserung der Lebensqualität und ein hohes Maß an sozialer Sicherheit ermöglicht. Ein solches Gesellschaftssystem setzt allerdings voraus, daß Menschen Verantwortung tragen, Risiko übernehmen und Ideen verwirklichen wollen.

Alle diese Eigenschaften sind typisch für den mittelständischen Unternehmer. Die Vielzahl von kleinen und mittleren Unternehmen sichert nicht nur eine lebende, bedarfsgerechte Wirtschaft. Sie schafft auch die konkreten Möglichkeiten für die freie Berufs- und Arbeitsplatzwahl, für die freie Konsumwahl und gibt den einzelnen die Chance, sich persönlich zu entfalten und durch Leistung aufzusteigen.

Daher ist meiner Auffassung nach Mittelstandspolitik viel mehr als Wirtschaftsförderung. Sie ist ein wesentliches Element für den gesellschaftlichen und sozialen Fortschritt in unserem Land und somit eine wichtige Aufgabe für jede Regierung.

Ich habe als Präsident der Bundeswirtschaftskammer alle Bereiche der Wirtschaft, alle Sektionen, Industrie – private und verstaatlichte, Gewerbe, Handel, Verkehr, Fremdenverkehr und Geld- und Kreditwesen, die Großen und die Kleinen zu vertreten und ich tue dies auch. Heute sind es nun besonders die kleinen und mittleren Betriebe.

Um Mißverständnissen auszuweichen, will ich jetzt betonen, daß ich mich auch immer zu einer gesunden Verstaatlichten Industrie bekenne und ich bin dafür, daß in allen Betrieben viele Menschen beschäftigt werden. Das geht aber nur dann, wenn sie wettbewerbsfähig sind und Gewinne erzielen. Wenn man diese Grundsätze nicht akzeptiert und Defizite einfach aus dem Budget bezahlt, dann führt das eben dazu, daß man gesunde Klein- und Mittelbetriebe mit Steuern immer mehr belastet. Damit wird ihre Wettbewerbsfähigkeit ausgehöhlt, werden ihre Investitionen vermindert und ihre Ertragskraft empfindlich geschwächt.

Das bedeutet aber im Endeffekt weniger Arbeitsplätze, höhere Sozialkosten, weniger Steuern und eine deutliche Einbuße an wirtschaftlicher Dynamik.

Ich glaube, daß es wirklich gute und sichere Arbeitsplätze nur in gesunden Betrieben gibt. Staatsschulden und staatliche Beschäftigungsprogramme können auf Dauer Wettbewerbsfähigkeit, Innovation und Leistungskraft der Betriebe nicht ersetzen. Es gibt nur einen Weg, der zum Erfolg führt: Die Wirtschaftspolitik muß ein Klima schaffen, in dem sich alle Unternehmen, die kleinen und die großen, die privaten und die verstaatlichten, gut entwickeln können.

Heute steht hier im Parlament die mittelständische Wirtschaft zur Diskussion. Ich möchte daher noch einmal unsere Vorschläge für eine moderne Mittelstandspolitik zusammenfassen.

1. Wir brauchen einen Belastungsstopp. Der Staat sollte möglichst wenig in die Betriebe hineinregieren. Regierung, Parteien und Sozialpartner müßten gemeinsam versuchen, das Wirtschaftsgeschehen zu entbürokratisieren. Ich habe diese Anregung schon früher gemacht und sie ist von der Regierung auch aufgegriffen worden. Ich hoffe, daß wir auf diesem Gebiet bald Erfolge erzielen können.

2. Eine ausreichende Eigenkapitalbildung ist die wesentliche Grundlage für Investitionen, für Innovatio-

nen und für die Schaffung neuer Arbeitsplätze. Dazu könnten steuerliche Erleichterungen und neue Finanzierungsformen beitragen. Wir brauchen mehr Unternehmer; vor allem jungen Menschen müßten Anreize gegeben werden, sich selbständig zu machen und Betriebe zu gründen.

3. Die stärkste Kraft der österreichischen Wirtschaft liegt in den Menschen – den Unternehmern und ihren Mitarbeitern. Klein- und Mittelbetriebe können sich rasch an neue Märkte anpassen. Ihre Krisenfestigkeit haben sie längst bewiesen.

Die Bundeswirtschaftskammer ist ständig bemüht, dabei wirkungsvolle Hilfen zu geben. Die Wirtschaftsförderungsinstitute der Handelskammerorganisationen haben 1983 rd. 1/4 Millionen Menschen weitergebildet. Schon daraus sieht man, daß die österreichischen Unternehmer und ihre Mitarbeiter laufend ihr Fachwissen und ihre Informationen über neue Entwicklungen vergrößern. Auch das Beratungsservice der Handelskammerorganisation wird stark in Anspruch genommen. Im letzten Jahr wurden rd. 11.000 Betriebsberatungen durchgeführt, wovon 80% auf Betriebe mit weniger als 20 Beschäftigten entfielen. Das zeigt, daß gerade kleine und mittlere Betriebe alle Möglichkeiten nützen, um Schritt zu halten.

Sie vollbringen aber auch ihrerseits eine unersetzliche Ausbildungsleistung. Derzeit sind in der gewerblichen Wirtschaft rund 190.000 Lehrlinge beschäftigt. Zum Unterschied von vielen anderen westlichen Industrieländern konnten in Österreich die meisten Schulabsolventen auf Lehrplätzen untergebracht werden. Die praxisnahe Ausbildung in unseren Betrieben ist von hoher Qualität und eine gute Grundlage für die spätere Berufstätigkeit.

Der Mittelstandsbericht der Bundesregierung beinhaltet eine eingehende Analyse der Probleme im klein- und mittelbetrieblichen Bereich. Er zeigt auch viele branchenspezifische Besonderheiten und Erfordernisse auf. Somit gibt dieser Bericht meines Erachtens viele wertvolle Ansatzpunkte für mittelstandspolitische Maßnahmen.

Ich habe die Hoffnung, daß dieser Bericht die Basis für so manche wirtschaftspolitische Entscheidung wird. Es ist einmal ein Anfang gemacht.

Dazu wird es allerdings notwendig sein, daß der Politik endlich realistische Vorstellungen darüber zugrundegelegt werden, was ein Betrieb ist und welche Aufgaben er hat. Manche glauben, ein Betrieb sei eine willkürliche Ansammlung von Arbeitsplätzen.

Andere meinen, ein Unternehmen ist vor allem ein weites Feld für Sozialexperimente. Sogar als Demonstrationsobjekte für staatliche Beschäftigungssicherung werden Betriebe bisweilen benützt. Alle diese Vorstellungen sind ebenso falsch wie schädlich. Das alles hat mit einem lebendigen Betrieb nichts zu tun.

Ein Unternehmen ist eine Leistungsgemeinschaft. Es hat den Zweck, Produkte und Leistungen, die auf den Märkten gefragt sind, zu konkurrenzfähigen Preisen anzubieten.

Ich glaube, wir sollten für die Mittelstandspolitik der Zukunft einige wichtige Fragen außer Streit stellen. Das ist in erster Linie die unentbehrliche Rolle des freien Unternehmers in der Gesellschaft. Ohne Unternehmer, die risikobereit sind und Erträge erzielen, ist weder die

Beschäftigung zu halten, noch die soziale Sicherheit zu finanzieren.

Wir sollten uns gemeinsam bemühen, ein gutes soziales Klima in unserem Lande zu schaffen und zu erhalten. Wir brauchen aber auch ein unternehmerisches Klima. Wir brauchen ein Klima, das die Unternehmer zu Investitionen anregt und zu Wagnis und Innovation ermuntert. Außer Streit gestellt müßte auch werden, daß unsere Wirtschaftsordnung mehr Markt und weniger Staat braucht.

Auch manche Vertreter der großen Regierungspartei sind schon zur Auffassung gelangt, daß der Staat nicht für alle Bereiche das Allheilmittel sein kann. Sie sehen diese Frage längst nicht mehr ideologisch, sondern pragmatisch. Eine Privatisierung sollte überall dort Platz greifen, wo durch Privatinitiativen bessere wirtschaftliche Ergebnisse erzielt werden können. Schließlich müssen wir außer Streit stellen, daß die Betriebe eine Leistungsgemeinschaft sind. Die Betriebe sollten mehr unternehmen können als verwalten müssen. Andererseits haben wir die Erhaltung der Vollbeschäftigung, der sozialen Sicherheit und unseres Wohlstandes längst außer Streit gestellt.

Die Wirtschaftspolitik wird dann in die Zukunft investieren, wenn sie auf die unternehmerische Initiative vertraut und sich nicht damit begnügt, immer nur die Schulden für Arbeitsplätze von gestern abdecken zu können. Wenn wir uns über diese grundlegenden Fragen einig werden, habe ich keine Sorgen um unsere wirtschaftliche Zukunft.

Mittelstandspolitik in der modernen Industriegesellschaft

19. Jänner 1989

Für die Handelskammerorganisation in Österreich war Mittelstandspolitik seit eh und je Schwerpunkt und Hauptanliegen ihrer politischen und fachlichen Arbeit. Das ergibt sich allein schon aus der Mitgliederstruktur, die überwiegend mittelständisch geprägt ist. Das ergibt sich aber auch aus einem eminent gesellschaftspolitischen Ziel, nämlich den Unternehmergedanken, der Selbständigkeit und der persönlichen Freiheit in wirtschaftlicher und politischer Hinsicht eine möglichst solide Basis zu geben. Die wichtigen Erfordernisse der kleinen und mittleren Betriebe waren allerdings nicht immer leicht und manchmal nur gegen heftige Widerstände durchzusetzen. Viele Jahre hindurch stand die mittelständische Wirtschaft im Schatten der österreichischen Wirtschaftspolitik und wurde in vielen Bereichen gegenüber dem großbetrieblichen Sektor vernachlässigt. In der staatlichen Wirtschaftspolitik waren lange Zeit wesentliche wirtschafts- und sozialpolitische Maßnahmen vor allem auf den großen verstaatlichten Sektor zugeschnitten, die Gemeinwirtschaft wurde bevorzugt, Fremdfinanzierung hatte Vorrang vor Eigenkapital, dem privaten Unternehmer wurde wirtschaftliche Dynamik, der Innovationswille und die Fähigkeit zur Modernisierung der Wirtschaftsstruktur abgesprochen. Die Problemlösungen der Arbeitsplatzbeschaffung und

Arbeitsplatzsicherung, des notwendigen Strukturwandels, der Konkurrenzfähigkeit auf Auslandsmärkten, des sozialen Fortschrittes und der Wohlstandsmehrung wurden in diesem Konzept der Großindustrie, vor allem der Verstaatlichten Industrie und der lenkenden Einflußnahme des Staates zugewiesen.

Die Interessenvertretung der Wirtschaft hat diesen Weg immer abgelehnt, aus der Überzeugung, daß Privatinititative, der freie, dispositionsfähige Eigentümerunternehmer und ein funktionierender, vom Wettbewerb geprägter Markt die Triebfedern des wirtschaftlichen Fortschritts sind. Die marktwirtschaftliche Grundeinstellung der Handelskammern wurde dankenswerter Weise von namhaften Wissenschaftern im In- und Ausland unterstützt und theoretisch untermauert. Diese Auffassung konnte in vielen Arbeiten und Studien auch empirisch belegt werden.

In allen Volkswirtschaften der freien Welt herrschen kleinere und mittlere Unternehmungen vor und erfüllen eine entscheidende gesellschaftspolitische und volkswirtschaftliche Funktion. Für die Erhaltung einer auf Freiheit und Eigentum beruhenden Wirtschaftsordnung ist daher auch in Österreich die gesunde Entwicklung des Mittelstandes in der gewerblichen Wirtschaft eine entscheidende Voraussetzung.

Breit gestreutes Eigentum bei Freiheit der Produktion und des Konsums ist für das Funktionieren der sozialen Marktwirtschaft unerläßlich. Eigentum ist die Grundlage des marktwirtschaftlichen Leistungswettbewerbes zwischen freien Unternehmen. Dieser Leistungswettbewerb ist der beste Garant für Fortschritt und Entwicklung in der Wirtschaft. Das Eigentum stärkt die Eigenverantwortung des Unternehmers, gibt vielfältige initiative Impulse und erfüllt somit auch eine wichtige Funktion in Wirtschaft und Gesellschaft.

Dem Staat obliegt es in dieser Wirtschafts- und Gesellschaftsordnung, private Wirtschaftsinitiativen, deren Träger die Unternehmer sind, zu fördern und Hemmnisse abzubauen. In einer marktwirtschaftlichen Ordnung kann dies nur in der Form geschehen, daß der Staat grundsätzlich die entsprechenden Rahmenbedingungen beeinflußt, in denen sich die unternehmerische Initiative frei entfalten kann; jede Art von Dirigismus behindert nicht nur die freie Unternehmerinitiative, sondern auch unsere demokratische Gesellschaftsordnung überhaupt.

Die ständigen Veränderungen der Wirtschaftsstruktur erfordern ein hohes Maß an Anpassungs- und Reaktionsfähigkeit, Voraussetzungen, die bei den Klein- und Mittelbetrieben in starkem Ausmaß gegeben sind. Dynamik und Leistungsfähigkeit der Betriebe sind wichtige Grundlagen für stetiges Wirtschaftswachstum und steigenden Wohlstand.

Eine wirkungsvolle Mittelstandspolitik, die sich nahtlos in ein marktwirtschaftlich orientiertes wirtschaftliches Konzept fügt, hat in erster Linie als zielführende Wachstums- und Strukturpolitik jene Hemmnisse zu beseitigen, die eine rasche Anpassung der Klein- und Mittelbetriebe an die wirtschaftliche und technische Entwicklung beeinträchtigen. Die Politik muß einen entscheidenden Beitrag zur Stärkung der Konkurrenzfähigkeit unserer Betriebe leisten, die Investitionsfinanzierung begünstigen, den Wettbewerb in Gang halten und damit die wesentlichen Voraussetzungen für ein kontinuierliches Wirtschaftswachstum schaffen.

Auch in Österreich konnte sich schließlich die marktwirtschaftliche Sicht durchsetzen, nicht zuletzt deshalb, weil die Politik des Staatsinterventionismus und der Bevorzugung verstaatlichter Großunternehmungen Schiffbruch erlitten hat.

In der heutigen Zeit hat der Mittelstand einen hohen Stellenwert in Gesellschaft und Politik. Dem Mittelstand werden heute Menschen zugerechnet, die traditionellen Werten verbunden sind, mit beiden Füßen im Leben stehen, neue Ideen haben, etwas leisten wollen und auch bereit sind, Verantwortung zu tragen. Meinungsumfragen ergeben, daß sich mehr als 70 % aller Österreicher zum Mittelstand zählen; dazu gehören neben den Wirtschaftstreibenden, freien Berufen und Bauern auch eine wachsende Zahl von Facharbeitern und Angestellten.

Die mittelständische Wirtschaftsstruktur ist, das hat sich erwiesen, keinesfalls eine Schwäche, sondern eine Stärke unserer Volkswirtschaft. Eine Vielzahl von Unternehmen garantiert erst, daß möglichst viele Menschen ihre Begabungen und Fähigkeiten einsetzen und damit Probleme auch praxisnah lösen können.

Die Vorteile des Mittelstandes sind groß und vielfältig. Die kleinen und mittleren Betriebe sind im Strukturwandel anpassungsfähig und in der Krise widerstandsfähig. Sie sind es, die die Ausbildungsstätten für die Jugend schaffen, einen großen Teil der Jugendlichen ausbilden, und sie sind es auch, die sichere Arbeitsplätze bieten.

Diese Betriebe zahlen den überwiegenden Teil des Steueraufkommens und halten die Wirtschaft in Schwung. Das bedeutet eine enorme Innovationsleistung, gute Exporterfolge, ein konkurrenzfähiges Angebot und immer wieder neue und bessere Produkte und

Dienstleistungen. Es ist nachgewiesen, daß es seit dem Kriseneinbruch Mitte der siebziger Jahre sowohl in Österreich als auch in fast allen Ländern des Westens die Klein- und Mittelbetriebe waren, die neue Arbeitsplätze geschaffen haben, während in Großbetrieben in starkem Maße Arbeitsplätze verlorengegangen sind. Die wirtschaftliche Dynamik wird immer mehr von kleinen und mittleren Betrieben getragen. Die stärkere Expansionskraft der Klein- und Mittelbetriebe gegenüber Großbetrieben zeigt sich sowohl was die Zahl der Unternehmungen als auch was die Zahl der Arbeitsplätze betrifft. Die Rolle der Klein- und Mittelbetriebe für den Innovationsprozeß wurde lange Zeit stark unterschätzt. Kleinbetriebe konzentrieren sich ganz überwiegend auf Produktinnovationen, die häufig gleichzeitig zur Einführung neuer Techniken führen.

Im letzten Mittelstandsbericht der Bundesregierung heißt es: „Klein- und Mittelbetriebe setzen in einem deutlich höheren Ausmaß als Großbetriebe auf interne Forschung, Entwicklung und Konstruktion. Hauptmotive für Produktinnovationen sind eine Ausweitung der Produktpalette in angestammten Bereichen, die Einführung von neuen Produkten und die Erschließung neuer Märkte".

Es ist, wie auch der Bericht sagt, unbestritten, daß kleine und mittlere Unternehmen aus den neuen flexiblen Fertigungsmethoden überdurchschnittlich große Vorteile ziehen. Auf der anderen Seite sind kleinere Betriebe von sich aus wesentlich beweglicher und daher bestens geeignet, Marktnischen aufzuspüren, spezifische Kundenwünsche zu erfüllen und neue Entwicklungen voranzutreiben. Klein- und Mittelbetriebe setzen ihre geringeren Geldmittel wirksam ein; ihre Projekte sind marktnäher und sie bringen ihre Ideen auch schneller auf den Markt.

Aus diesen Erkenntnissen kann nur die Konsequenz gezogen werden, daß unsere Wirtschaftspolitik noch stärker als bisher auf die Erfordernisse der mittelständischen Wirtschaft ausgerichtet werden muß.

Die gegenwärtige österreichische Regierung hat ihren Kurs deutlich geändert und stärker marktwirtschaftlich orientiert, das heißt gleichzeitig, daß für die mittelständische Wirtschaft ein besseres Klima geschaffen wurde. Ein entscheidender Durchbruch ist mit der Steuerreform 1988 gelungen. Eine Reform, durch die die leistungshemmenden hohen Steuersätze im Einkommensteuertarif um bis zu 10 Prozentpunkte gesenkt werden, ist schon von vornherein eine Maßnahme, die die Rahmenbedingungen für die mittelständische Wirtschaft entscheidend verbessert. Dazu kommt, daß die Körperschaftssteuerbelastung für Gesellschaften, die sich keine aufwendigen Holdingkonstruktionen leisten können, praktisch um ein Drittel gesenkt wird; die Besteuerung der zur Stärkung der Kapitalbasis einbehaltenen Gewinne sinkt fast auf die Hälfte. Besonders deutlich wird die mittelstandspolitische Ausrichtung bei der neuen Gewerbesteuer: Durch die Verdoppelung des Freibetrages wird eine namhafte Zahl von Gewerbetreibenden keine Gewerbeertragsteuer mehr zahlen, die Anhebung des Freibetrages für hinzuzurechnende Dauerschuldzinsen auf S 100.000,– kommt besonders kleineren Betrieben zugute. Für alle Betriebe ist die Senkung des Gewerbesteuersatzes um 10% eine spürbare Entlastung.

Trotz der Einschränkungen bei den Gestaltungsmöglichkeiten für die Abschreibung von Investitionen ist es für die mittelständische Wirtschaft ganz wesentlich, daß der Investitionsfreibetrag ungekürzt erhalten bleibt; das wird zur Stärkung der Eigenkapitalbasis beitragen. Unter dem Strich bringen die niedrigeren Steuersätze mehr, und das nicht nur jetzt, sondern auch bei künftigen Steigerungen der Erträge. Diese Steuerreform ist 1989 in Kraft getreten. Ihre großen Vorteile werden sich erst langfristig herausstellen.

Eine fühlbare Verbesserung der Wettbewerbsfähigkeit der mittelständischen Wirtschaft wird auch mit einigen Reformen im Wettbewerbsrecht erreicht.

Wesentlich zur Schaffung eines unternehmerfreundlichen Klimas haben nicht zuletzt die Privatisierungsmaßnahmen im Bereich des verstaatlichten Wirtschaftssektors beigetragen.

Eines der wichtigsten Zukunftprobleme für die gesamte österreichische Wirtschaft, das gilt ganz besonders für die mittelständische Wirtschaft, ist der angestrebte Beitritt Österreichs zu den Europäischen Gemeinschaften. Für Österreich als westlicher Industriestaat ist die Teilnahme am großen europäischen Binnenmarkt eine lebenswichtige Frage.

Österreich ist wirtschaftlich schon heute eng mit dem Wirtschaftsraum der EG verbunden. Mehr als 60 % unserer Ausfuhren gehen schon heute in EG-Länder. Wir sind darauf angewiesen, unsere Chancen in Europa ebenso wie auf allen anderen internationalen Märkten wahrzunehmen.

Wenn die österreichische Wirtschaft Europareife erlangen soll, müssen für unsere Betriebe auch Bedingungen geschaffen werden, wie sie für die Unternehmer im EG-Bereich bestehen. Die Steuerreform ist sicherlich ein wichtiger und notwendiger Schritt auf diesem Weg.

213

Das wichtige Sonderproblem des Fremdenverkehrs, nämlich eine umfassende Reform der Getränkebesteuerung, müßte so rasch wie möglich gelöst werden. Unsere Fremdenverkehrsbetriebe werden durch die Getränkebesteuerung immer noch stärker belastet, als dies bei ihren ausländischen Konkurrenten der Fall ist.

Zu einer Europapolitik gehören auch Deregulierungsmaßnahmen auf verschiedenen Gebieten. Wir brauchen eine Lockerung der starren Regelungen und bürokratischen Barrieren in der Wirtschaftsverwaltung, in der Sozialpolitik und im Gewerberecht. Den Unternehmern muß mehr Beweglichkeit ermöglicht werden. Eine flexiblere Arbeitszeit und eine flexiblere Gestaltung der Betriebs- und Ladenöffnungszeiten sind wichtige Fragen, die es auf dem Weg zum Europäischen Markt zu lösen gilt.

Die Wirtschaft ist der Auffassung, daß der Handel mit Waren und Dienstleistungen, der Kapitalverkehr, die Niederlassung von Unternehmen und die Freizügigkeit von Arbeitskräften zwischen Österreich und der Europäischen Gemeinschaft von bestehenden Schranken befreit werden sollen. Auch eine gemeinsame Forschungs- und Entwicklungstätigkeit ist anzustreben. Wir wissen, daß Österreich nicht einseitig die Vorteile eines großen Binnenmarktes nützen kann, ohne die umfassende Teilnahme mit allen Konsequenzen zu akzeptieren.

Es geht in den nächsten Jahren darum, Österreich alle Chancen für die neunziger Jahre offen zu halten. Wir müssen die Leistungsfähigkeit, die es in unserem Land gibt, mobilisieren und für unsere Betriebe die besten Entwicklungsmöglichkeiten schaffen.

Diesem Ziel dienen auch die im Mittelstandsbericht

enthaltenen Maßnahmen der Bundesregierung zur weiteren Leistungssteigerung und Stärkung der Wettbewerbsfähigkeit der kleinen und mittleren Unternehmungen der gewerblichen Wirtschaft.

Die gesetzliche Interessenvertretung in Österreich verfolgt ihre mittelstandspolitischen Ziele seit Jahrzehnten konsequent und zielstrebig, ungeachtet aller Hindernisse. Die Bundeskammer konnte bei allen Regierungen mittelstandspolitische Vorstellungen realisieren und Forderungen durchsetzen. Als ein wichtiges Beispiel ist das 1980 verabschiedete Mittelstandsgesetz und der dem Parlament von der Regierung vorzulegende Mittelstandsbericht zu nennen.

Die Bundeswirtschaftskammer hat im eigenen Bereich stets wirkungsvolle mittelstandspolitische Initiativen gesetzt und stellt eine Reihe von Serviceleistungen zur Verfügung, die sowohl für Unternehmer als auch für ihre Mitarbeiter und den beruflichen Nachwuchs wertvolle Hilfen darstellen. Dazu zählen Einrichtungen zur Schulung, Beratung und Information und vor allem zur Einführung der Betriebe in neue technische und organisatorische Entwicklungen. Die Kammerorganisation bietet eine besonders intensive Unterstützung zur Anbahnung und Durchführung von Außenhandelsgeschäften im Rahmen ihrer Außenhandelsorganisation im Inland und durch das weltweite Netz von Außenhandelsstellen. Ein beachtlicher Teil des Exportes kleiner und mittlerer Betriebe wird durch dieses Außenhandelsservice überhaupt erst ermöglicht. Diese Dienste zur Stärkung der internationalen Konkurrenzfähigkeit der österreichischen Unternehmen wurden in den letzten Jahren sehr stark ausgebaut und immer auf die neuesten Entwicklungen ausgerichtet.

Die gesetzliche Interessenvertretung der Wirtschaft kann für sich in Anspruch nehmen, zur Festigung der wirtschaftlichen und gesellschaftlichen Position des Mittelstandes in Österreich einen entscheidenden Beitrag geleistet zu haben.

Rudolf Sallinger – Lebensdaten

3. 9. 1916   geb. in Lassee, NÖ., als Sohn eines Tischlermeisters

1922–1930   Besuch der Volks- und Hauptschule in Lassee

1930–1938   Besuch der Baugewerbeschule in Wien IV Maurer- und Steinmetzlehre, Gesellenprüfung

1935–1939   außerordentlicher Hörer an der Technischen Hochschule Wien, Fachabteilung Architektur

1940   Einberufung zum Militär (Pioniere) mit anschl. Fronteinsatz in Frankreich, Jugoslawien und Rußland

1943   Ablegung der Bau- und Steinmetzmeisterprüfung

1943   Hochzeit mit Antonie Pavesi und Eintritt in den Steinmetzbetrieb der Ehefrau (Oreste Bastreri in Wien V)

1944   Geburt der Tochter Ilse

1945   Funktionär im Rahmen der Innung der Steinmetzmeister und stv. Innungsmeister

1946   Geburt der Tochter Eva

1953   Obmann der Sektion Gewerbe der Wiener Handelskammer und Kurator des Wiener Wirtschaftsförderungsinstitutes

1960–1964	Präsident der Wiener Handelskammer
1964–1990	Präsident der Bundeswirtschaftskammer
1966–1989	Obmann des Österreichischen Wirtschafts-bundes, damit verbunden
1966–1980	stv. Bundesparteiobmann der ÖVP
1966–1990	Abgeordneter zum Nationalrat
7. 3. 1992	Rudolf Sallinger stirbt im Wiener Kaiser Franz Joseph-Spital an einer Lungenent-zündung

Bildnachweis

Ankers, Anderson & Cutts (8); Renate Apostel (4, 18, 21, 23, 27, 28); Brüder Basch (2); R. Blaha (9); dalda (13); Foto Felici (10); Bundeswirtschaftskammer (5, 12, 14, 15, 19, 20, 25); H. Hofmeister (11, 22); Fritz Kern (7); Kobé (24); Österreichische Fremdenverkehrswerbung (27); Pictures Born/M. & H. Nessler (29); Pronto Presse/Heinz Hosch (26); Joseph Tandl (1); Adolf Waschel (6, 13); Vienna Press-Bilder (3).

DAS BUCH

„Rudolf Sallinger – Ansichten des Bundeswirtschaftskammer-Präsidenten"

wird ergänzt durch eine

Video-Dokumentation:

Johannes Kunz

Rudolf Sallinger – Erinnerungen

Videokassette, ca. 50 Minuten
öS 498,–/DM 69,80
ISBN 3-7046-0410-0

Das einstündige Gespräch zwischen Johannes Kunz und Rudolf Sallinger wurde am 28. September 1989 vom ORF ausgestrahlt. Obwohl es in einzelnen Punkten durch die Entwicklung überholt ist, wird es ungekürzt aufgelegt, weil es als zeitgeschichtliches Dokument einen guten Einblick in die Ansichten der Persönlichkeit Rudolf Sallingers bietet.

EDITION S

EDITION S

Lore Jarosch
Helmut Zilk —
Ist der nicht a Fehlbesetzung?
Wiens Bürgermeister als
Medienereignis
248 Seiten, 33 Abbildungen,
gebunden mit Schutzumschlag
öS 298,—/DM 39,80

Kaum ein Politiker versteht die
Medien so sehr zu bedienen —
und sich ihrer zu bedienen — wie
Helmut Zilk. Und seine Person ist
ihm dabei durchaus ein effektvoll
und effizient eingesetztes Mittel
zum Zweck.

Das Bild Helmut Zilks im Spiegel
der Presse ist bunt, schillernd und
widersprüchlich, zugleich liebenswert und stimmig-kohärent, denn
er ist sich selbst immer treu
geblieben und hat „nirgends dort
Zugeständnisse gemacht, wo es
um Person, Charakter oder Überzeugung ging" (Peter Jankowitsch).

Verlag der Österreichischen Staatsdruckerei
Rennweg 12 a, A-1037 Wien, Tel.: 797 89/295 DW, Fax: 797 89/419

*Horst Friedrich
Mayer/Dieter Winkler*

**Auf Donau-
wellen durch
Österreich-
Ungarn**

Regensburg-Passau-
Wien-Budapest-
Schwarzes Meer
224 Seiten, gebun-
den, reich illustriert

öS 428,—

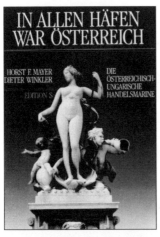

*Horst Friedrich
Mayer/Dieter Winkler*

**In allen Häfen
war Österreich**

Die österreichisch-
ungarische
Handelsmarine
224 Seiten,
gebunden, mit
zahlr. Abbildungen

öS 398,—

*Horst Friedrich
Mayer/Dieter Winkler*

**Als die Adria
österreichisch
war**

Österreich-Ungarns
Seemacht
224 Seiten,
gebunden, mit
zahlr. Abbildungen

öS 348,—